Maria Hagenschneider

Es reicht jetzt!

Frauen in der katholischen Kirche stehen auf

Patmos Verlag

VERLAGSGRUPPE PATMOS

PATMOS
ESCHBACH
GRÜNEWALD
THORBECKE
SCHWABEN
VER SACRUM

Die Verlagsgruppe
mit Sinn für das Leben

Für die Verlagsgruppe Patmos ist Nachhaltigkeit ein wichtiger Maßstab ihres Handelns. Wir achten daher auf den Einsatz umweltschonender Ressourcen und Materialien.

Umschlaggestaltung: Finken & Bumiller
Satz: Schwabenverlag AG, Ostfildern
Druck: GGP Media GmbH, Pößneck
Hergestellt in Deutschland
ISBN 978-3-8436-1224-1 (Print)
ISBN 978-3-8436-1240-1 (eBook)

Inhalt

9   **Es reicht jetzt!**
Statt eines Vorworts

14   **Ist das wahr?**
Wie der Stein ins Rollen kam

21   **Das Ende des Schweigens**
Frauen in Deutschland
     21   MACHT LICHT AN!
     23   MARIA 2.0

34   **Befreiende Menschlichkeit!?**
Maria als Vorbild und Abbild

47   **Geschlechtergerechtigkeit in der Kirche**
Die Frauenfrage als Überlebensfrage

52   **Wie gültig ist endgültig?**
Das Diskussionsverbot von Johannes Paul II.

63   **Vom Aufstehen, Gehen und Beten**
Frauen in der Schweiz
     64   KIRCHE MIT* DEN FRAUEN
     67   GLEICHBERECHTIGUNG.PUNKT.AMEN.
     70   GEBET AM DONNERSTAG

74   **Keine Quotenheilige**
Teresa und die Söhne Adams

77   **Vom Bleiben und Wandeln**
Frauen in Österreich
     77   BLEIBEN.ERHEBEN.WANDELN
     80   EINMISCHEN.MITMISCHEN.AUFMISCHEN

83 **Er legte ihr die Hände auf**
Jesus und die Töchter Abrahams

89 **Vom Rocktragen und Gesichtzeigen**
Frauen weltweit
89 Comité de la jupe
90 Voices of Faith
95 Catholic Women Speak

98 **Oskar und die Herrschenden**
Ein Exkurs

101 **Von Selbstverständlichkeiten
und vom Ungehorsam**
Geistliche aus dem deutschen Sprachraum

104 **Verhinderungsargument
oder Handlungsgebot?**
Der Verweis auf die Weltkirche

109 **Warum es den Einsatz wert ist**
Ausblick

113 **Was mich bewegt …**
… und warum ich bewegen will

120 *Ausgewählte Adressen*
123 *Quellen*

Schweigen spricht Bände.

Es ist der Klang von
Ungerechtigkeit, Gleichgültigkeit, Ungleichheit.
Entscheidungen, die uns alle betreffen,
dürfen nicht nur von der Hälfte von uns geäußert
werden.

Manche haben geflüstert.
Manche haben geredet.
Manche haben gebrüllt.

Wir sind Stimmen der Veränderung,
Stimmen, die nicht länger ignoriert werden dürfen.
Unsere Stimmen sollen gehört werden …
… wo Entscheidungen getroffen werden,
… wo Veränderungen stattfinden,
… wo Glaube besteht.

Durch unsere Stimmen erklingt
Mitgefühl, Gerechtigkeit, Stärke.

Und ohne unsere Stimmen
verharrt die Hälfte der Kirche
in Schweigen.

#overcomingsilence
www.overcomingsilence.com[1]

Es reicht jetzt!

Statt eines Vorworts

Erinnern Sie sich, liebe Leser*innen, an eine Situation, in der Sie selbst diese Worte hinausgeschrien haben: »Es reicht jetzt!«?

Bis es dazu kommt, haben Sie die Augen zu Schlitzen verengt und gespürt, wie sich Ihr Kiefer und Ihr ganzer Körper zunehmend anspannt. Und dann: »Es reicht jetzt!« In einem Schrei, vielleicht begleitet von einem Handschlag auf die Tischplatte, entlädt sich die aufgestaute Spannung. Alles an Ihnen signalisiert: Hier ist die Grenze. Die erste Entladung liegt hinter Ihnen, aber die Situation bleibt erst einmal explosiv.

Eine solche Situation ist selten. In der Regel haben Sie, was man eine »Beißhemmung« nennt. Gut erzogen?

Diese Situation macht auch etwas mit Ihnen. Vermutlich sind Sie erschrocken, und als reflektierter Mensch werden Sie, sobald die Situation wieder entspannt ist, genau das tun: reflektieren. Aber auch: erkennen und planen.

Menschen, die von anderen dauerhaft gedemütigt werden – indem ihnen Größe, Schönheit, Bildung, Fachkompetenz, Liebesfähigkeit, Würde u. a. abgesprochen wird; indem ein anderer sie kleinmacht oder in Abhängigkeit hält; indem sich jemand ständig über sie erhebt, sie übersieht oder bloßstellt –, werden irgendwann aufstehen und diese Situation beenden.

Menschen explodieren, wenn jemand wieder und wieder in eine Wunde schlägt. Die Wunde wird tiefer und der Schmerz nimmt zu, bis er unerträglich wird. Es kann viel Zeit ins Land gehen, bevor es jemandem reicht.

Als besonders schmerzlich nehmen wir es wahr, wenn das Gegenüber ein Partner ist, der einmal von Liebe gesprochen hat. Oder wenn wir solche Erfahrungen in Familien oder Gruppen machen, in denen wir Grund hatten zu der Hoffnung auf Achtung und Liebe. Oder wenn ein Chef oder Kolleg*innen, die von Wertschätzung sprachen oder zunächst den Eindruck von Empathie erweckten, sich dann ganz anders verhalten.

Es reicht jetzt! Frauen in der katholischen Kirche stehen auf. So lautet der Titel dieses Buches. Ich hoffe, dass die »Es-reicht-jetzt«-Ausrufe der Frauen in der Kirche nicht nur der Anfang von Veränderungen sind, sondern auch Schlusspunkte für das, was bisher geschehen ist. Oder besser: nicht geschehen ist. Es reicht! Mehr ertragen wir nicht!

Manche in der kirchlichen Hierarchie scheinen das jedoch noch nicht begriffen zu haben. Sie (ver)trösten sich selbst mit dem Hinweis, dass es in der Kirche nur hier und da kleine aufständische Frauengruppen gebe, die im großen Setting der Weltkirche nicht von Bedeutung seien. Ja, viele trösten sich damit und manche glauben sogar daran.

Solchen Menschen ist nicht klar, dass die Situation – um im obigen Bild zu bleiben – schon explodiert ist und hochexplosiv bleibt. Einfach weiterzumachen, die Frauen weiter perspektivlos um Geduld zu bitten und zugleich von »verschlossenen Türen« für manche ihrer Forderungen zu sprechen, werden viele Frauen – und Männer, die mit ihnen solidarisch sind – nicht mehr hinnehmen. Frauen stehen auf, weil sie sich massiv diskriminiert fühlen und in der katholischen Kirche, in der sie beheimatet sind, stets an den Rand gedrückt wurden und noch immer werden. Frauen stehen auf, damit die Kirche sich darauf besinnt, dass es nicht um Kirchenregeln, sondern um Nachfolge Jesu geht. Frauen wolle keine Gnadenerweise, sondern ihre Rechte als Menschen und Getaufte! Dafür tritt auch dieses Buch ein.

Es reicht jetzt! Frauen in der katholischen Kirche stehen auf. Sie wollen endlich ihr Recht. In diesem Buch benenne ich die Gründe für den »Aufstand«. Und ich stelle Ihnen Initiativen vor, die in besonderer Weise für Geschlechtergerechtigkeit in der katholischen Kirche stehen, die dafür ihre Stimmen erheben, dafür beten und sie in kreativer Vielfalt unterstützen.

Gedanken zu Maria, *der* Frau in unserer Kirche, müssen auch sein. Lesen Sie, wie nah uns die große heilige Teresa heute ist. Und lassen Sie sich noch einmal Jesu Handeln an der gebückten Frau vor Augen führen. Was wird schon getan und was können wir tun, damit unsere Kirche Zukunft hat?

Das alles finden Sie hier in kompakter Form und in einer für Sie vermutlich ungewöhnlichen Mischung aus sachlichen Informationen und persönlichem Erleben und Bewerten. Ich bekenne meine Zugehörigkeit zu »Maria 2.0«; auch ich bin also als Aufständische für Reformen unserer katholischen Kirche – und da vor allem für die Geschlechtergerechtigkeit – unterwegs.

Ich bin sicher: Einmal zornig aufgestanden und unterstützt von den vielen, auf die allein schon in diesem Buch verwiesen wird, werden Frauen die Hände nicht mehr einfach wieder in den Schoß legen und sich in aussichtsloser Geduld üben.

Und damit Sie sich vorstellen können, wie leidenschaftlich ich in diesem Thema unterwegs bin und sicher bleibe, lasse ich das folgende Zitat für mich sprechen. Ich korrigiere aber: Bei mir war es nicht Tee, sondern ganz viel Kaffee, die Tage waren nicht filzgrau, sondern sommerhell, und eine gan-

ze Woche verbrachte ich in einem Benediktinerinnenkloster, gut versorgt und mit Gebets- und Ge-
sprächspausen. Also:

»Ich schrieb mit einer Hingabe wie noch nie,
mit einem Glücksgefühl, das dem Stoff nicht
angemessen war, während mir gleichzeitig
schien, als müsste ich mich durch einen Berg
graben, dessen Ende ich niemals erreichen
konnte. Ich befand mich im wahrsten Sinn des
Wortes unter Tage, ich schrieb die ganze Nacht
und verschlief den kurzen, filzgrauen Tag, um
nach dem Erwachen sofort wieder an meinen
PC zu stürzen, noch bevor ich mir Tee aufge-
brüht hatte.« (Natascha Wodin[2])

Ist das wahr?

Wie der Stein ins Rollen kam

Ende September 2018 stellte die katholische deutsche Bischofskonferenz die Ergebnisse der von ihr in Auftrag gegebenen MHG-Studie[3] zum sexuellen Missbrauch vor. Damit rückten unvorstellbare Verbrechen, begangen von Priestern an Schutzbefohlenen, erneut massiv ins Blickfeld. Im ganzen Land gab es Wellen der Empörung und des Abscheus. Auch bis dato eher unauffällige Mitglieder der Kirche, die sich selbst als »sehr treue Katholik*innen« bezeichneten, wurden von Entsetzen geschüttelt. Für viele war unvorstellbar, was da an die Öffentlichkeit kam. Ist das wahr?, dachten viele.

Schon als 2010 der Missbrauchsskandal in Deutschland bekannt geworden war, geriet die Kirche in Erklärungsnot. Nun waren acht Jahre vergangen. Viele kritisierten, dass zur Aufarbeitung kaum etwas geschehen sei. Sicher, hier ging es um Ergebnisse einer Studie und damit zunächst um die Feststellung der Faktenlage. Aber hätte nicht zeitgleich schon mehr zur Aufarbeitung geschehen können? Die Bischofskonferenz hatte zwar den Trierer Bischof Stephan Ackermann zum Missbrauchsbeauftragten bestellt. Seine Antwortversuche mussten jedoch angesichts der Monstrosität dessen, was bekannt wurde, verhallen. Auch der unabhängige Beauftragte der Bundesregierung für Fragen des sexuellen Kindesmissbrauchs (UBSKM[4]) kümmerte sich. Doch es reichte noch lange nicht, was getan worden war. Uns aber reichte, was wir hörten und lasen.

Viele, die aus der katholischen Kirche innerlich schon emigriert waren, hätten nur noch den berühmten einen Tropfen gebraucht, um ihr randvolles Fass negativer Erfahrungen mit der Kirche zum Überlaufen zu bringen, und auszutreten. Die Ergebnisse der MHG-Studie erlebten sie dann nicht nur als Tropfen, sondern als gewaltigen Guss. Für viele führte der einzig gangbare Weg aufs Standesamt oder zum Amtsgericht. Dort beendeten sie mit einer Unterschrift ihre Mitgliedschaft in der katholischen Kirche. Ich schwankte zwischen Verständnis und großer Traurigkeit, vor allem, wenn ich Menschen, die sich zu gehen entschieden hatten, persönlich kannte.

Nach und nach gab es weitere Informationen. Zunehmend wurde bekannt, dass Missbrauchstäter von ihren Bischöfen – in Kenntnis der Untaten – in Umfelder mit gleichen Strukturen versetzt worden waren. So wurden neuerlich vor allem Kinder sexuellem Missbrauch ausgesetzt. Es stellte sich heraus, dass viele Bischöfe lieber den guten Ruf der Kirche bewahren wollten, als konsequent einzugreifen, und die meisten Taten vertuschten. Der Missbrauch selbst, die Praxis des Versetzens und die Vertuschung bildeten ein »ganzheitliches« Tatengemenge, in dem das eine kaum vom anderen zu trennen war. Opfer blieben in der Regel ungesehen und alleingelassen. Manche von uns gewannen den Eindruck, dass Ankläger – Opfer, aber auch andere, die die Dinge beim Namen nannten – in der Kirche als Nestbeschmutzer angesehen wurden.

Ganz allgemein bekannte sich die Kirche schuldig und verwies darauf, dass sie ja von sich immer auch als von einer sündigen Kirche spreche. Niemand bekannte sich persönlich schuldig, auch nicht des Vertuschens. Die Kirche gelobte vieles. Sie gelobte Veränderung. Die hatte sie aber schon immer gelobt. Das glauben ihr viele katholische Christen nicht mehr.

Der Frankfurter Stadtdekan Johannes zu Eltz erkennt in Antworten von Menschen, die im Jahr 2018 aus der Kirche ausgetreten sind, einen roten Faden: den »Verdacht, dass die Kirche sich gar nicht wirklich ändern will. Das empört die Leute aufs Äußerste.«[5]

Dass ich diesen Skandal zum Ausgangspunkt meiner Informationen und Überlegungen mache, werden mir wohl viele Hierarchen in der katholischen Kirche übelnehmen. Sie werden den

Vorwurf erheben, dass ich den Missbrauch instrumentalisiere. Dem widerspreche ich entschieden und zeige im Weiteren auf, warum es nicht so ist.

Die Ergebnisse der Studie haben bei vielen Menschen inner- und außerhalb der katholischen Kirche – auch bei mir – deshalb zu so heftigen Emotionen und Reaktionen geführt, weil sie deutlich machen, dass die Taten auch mit dem Umgang der Kirche mit dem Thema Sexualität zu tun haben. Da zeigt sich eine große Diskrepanz zwischen den Ansprüchen an das Sexualverhalten katholischer Christen und der Wirklichkeit von Amtsträgern in der Kirche. Die Kirche fordert die Einhaltung einer engen Sexualmoral, wie sie sie für richtig hält. Damit legt sie vielen Menschen aber teils unerträgliche Lasten auf, die noch dazu nicht alle argumentativ stimmig erklärt werden können. Schlimm sind die harten Urteile, die die Kirche fällt, wenn Sexualität anders gelebt wird, als sie sie für »gottgewollt« erachtet. Nur ein Beispiel ist das homophobe Verhalten polnischer Bischöfe, die durch ihre Ablehnung gleichgeschlechtlicher Partnerschaften und die Rede von der »Regenbogen-Seuche« die Diskriminierung sexueller Minderheiten befeuern.[6] So etwas schreit in mir nach Aufstand. Auch mit dem Festhalten am Pflichtzölibat in Kombination mit der Unterstellung, dass nur Männer zum Priester berufen sein können

und dies auch nur dann, wenn sie zugleich zöliba-
tär leben, offenbart die Kirche eine negative Haltung zur Sexualität. Dass viele Priester hier »ge-
spalten« unterwegs sind, ist ein offenes Geheimnis.

Nach der Vorstellung der MHG-Studie war der
tausendfache Missbrauch von Kindern durch Kir-
chenmänner vor der Welt dokumentiert und be-
schäftigte die Gemeinden. Das bedrückte viele von
uns. Für viele nahm die Mitgliedschaft in der Kirche etwas Zwiespältiges an. Wir klagten die Kirche,
zu der wir doch selbst gehörten, dieser Verbrechen
an. Wir selbst wurden unsererseits, eben weil wir
uns zu dieser Kirche bekannten, angeklagt von denen, die nicht (mehr) Kirchenmitglieder waren.
Wir fühlen uns in Sippenhaft genommen mit den
Missbrauchern, Vertuschern und Aufklärungsun-
willigen. Für manche Kritiker galt und gilt kom-
promisslos: »Bist du Mitglied, bist du mitgefangen,
mitgehangen.« Manche formulierten: »Wer in dieser Kirche bleibt, unterstützt das System.« Und viele Stimmen riefen und rufen immer noch zum
Austritt auf, mindestens aber zur Konversion in
die protestantischen oder in die altkatholische
Kirche.

Die Priester gerieten unter Generalverdacht.
Viele von ihnen fühlten sich unwohl, weil ihnen
unsichere Blicke begegneten und zuweilen auch
unverhohlener Abscheu: »Bist du auch jemand von

denen, die missbraucht haben?« Ich weiß von einem Bischof, vor dem jemand ausgespuckt hat – nicht, weil er persönlich konkret verdächtigt worden wäre, sondern nur, weil er Bischof dieser unserer Kirche ist.

Eine Einladung der Amtskirche an alle, die Kirche sind, sich zu einem Schuldbekenntnis in den Kirchenräumen zu treffen, empfand ich als ungehörig. Ich wurde zornig. Und nicht nur ich nahm diese Einladung als Vereinnahmungsversuch wahr. Hier wurde ich schon wieder in Sippenhaft genommen, dieses Mal von Seiten der Schuldigen. Es hieß: »Wir als Kirche sind schuldig geworden.« Nein! Ich bin nicht des Missbrauchs schuldig geworden. Dafür müssen die Missbraucher schon selbst und auch allein geradestehen. Soweit reicht keine Solidarität, dass ich mich als Schuldlose schuldig bekenne. »Es reicht jetzt!«

Es war aber immer noch nicht genug. Es kamen Berichte über Vergewaltigungen von Nonnen, die in manchen Ländern der Welt Priestern zugeführt werden, weil diese sich gesunde Sexualpartnerinnen wünschen. Ja, das ist wahr.

Dass hier die Frage nach dem Pflichtzölibat in roter Leuchtschrift aufblinkt, kann niemand übersehen. Dass hier der Schrei von Frauen, ihre Würde zu achten, gleichfalls rot aufleuchtet, das übersieht hoffentlich auch niemand.

Viele von uns hielten den Atem an. Wohin mit uns? Was ist das für ein erschreckendes System? Die Anspannung wuchs. »Es reicht jetzt!« Aber was heißt das konkret? Viele Gemeindemitglieder wünschten sich endlich wieder andere Themen und wandten ihre Aufmerksamkeit von dem ab, was ich »Sumpf« nenne: »Ich will mich nicht damit belasten.« »Mich geht das ja nichts an.« »Ich kann und will es nicht mehr hören.«

Ich halte dagegen, mögen es manche auch als Störfeuer empfinden. Wir können nicht einfach weitermachen, als wäre nichts gewesen. Wir dürfen uns nicht verschließen. Hinhören und Hinsehen ist angezeigt. Um es mit Stéphane Hessel kurz und auf den Punkt zu sagen: »Empört euch!«[7]

Das Ende des Schweigens
Frauen in Deutschland

Macht Licht an!

»Macht Licht an!«, riefen die Frauen des Bundesverbandes der Katholischen Frauengemeinschaft Deutschlands (kfd) kurz vor dem Advent 2018 und forderten zur gleichnamigen Aktion auf. Mit dieser Aktion stellte die kfd vier zentrale Forderungen an die deutschen Bischöfe:

- »den Missbrauchsskandal in der katholischen Kirche glaubwürdig und umfassend aufzuklären,
- von der Kirche unabhängige Missbrauchsbeauftragte als Anlaufstelle für Betroffene einzurichten,
- den verantwortungsbewussten und befreienden Umgang mit Körperlichkeit und Sexualität in Ausbildung, Lehre und Katechese zu stärken,
- sich für eine strukturelle Erneuerung der Kirche einzusetzen: Priester sind Diener Gottes und der Menschen und nicht durch ihre Weihe überlegen oder mächtiger. Klerikal-autoritäre Machtstrukturen haben in unserer Kirche keinen Platz!«[8]

Wir entschieden uns in unserem Pastoralverbund, von Seiten des Pfarrgemeinderats diese Aktion zu unterstützen, baten die kfd um Verlängerung des Aktionszeitraumes und konnten Anfang 2019 – bei ungemütlichem, regnerisch-kaltem Wetter – um die 100 Menschen vor der Kirche begrüßen. Mit Taschenlampen leuchteten wir in alle dunklen Winkel der Außenwände der Kirche und hernach in die dunklen Ecken im Innenraum, wo wir uns zum Gottesdienst trafen. In anschließenden Gesprächen tauschten wir unsere Haltungen aus und teilten Zorn und Hoffnung miteinander. Wir erlebten uns als Stärkung füreinander. Noch lange danach gab es Rückmeldungen. Unsere Unterschriften, mit denen wir die Forderungen der kfd unterstrichen, gehörten zu den ca. 30.000, die Frauen des kfd-Bundesverbandes im März 2019 bei der Frühjahrsvollversammlung der Deutschen Bischofskonferenz (DBK) in Lingen an Franz-Josef Bode, Bischof von Osnabrück und in der DBK zuständig für »Frauenfragen«, übergeben konnten. Auch an diesem Tag waren Frauen und Männer für die Erneuerung der Kirche in Lingen auf- und eingestanden. Viele der Frauen berichteten, dass die meisten aus der Kirche ausziehenden Bischöfe an ihnen vorbeigeschritten seien, ohne sie eines Blickes zu würdigen. Ein Schweigen, das eine deutliche Sprache spricht.

Andrea Voß-Frick, eine der späteren Mitbegründer*innen der Maria-2.0-Bewegung und Teilnehmerin einer Macht-Licht-an-Aktion in Münster, sagte, dass sie bisher nicht aus dieser Kirche ausgetreten sei, liege daran, dass ihr Jesus, sein Vorbild und seine Worte der Verkündigung so wichtig seien.[9] Viele von uns, die bleiben, sagen Ähnliches.

Auch die kfd sieht die Lösung nicht im Kirchenaustritt, sondern in Reformen. Im Juni 2019 hat sie unter dem Titel »gleich und berechtigt. Alle Dienste und Ämter für Frauen in der Kirche« ein entsprechendes Positionspapier vorgelegt.[10]

Maria 2.0

Im Frühjahr 2019 wurde eine Bewegung bekannt, die sich den Namen »Maria 2.0« gab. Sie nahm in Münster in Westfalen ihren Anfang und verbreitete sich sehr schnell über Deutschland. Ihr Anliegen formuliert sie selbst so:

»Für uns alle ist ein stillschweigender Austritt keine Option. Kämpfen wollen wir für uns und für unsere heranwachsenden Kinder und Enkelkinder! Kämpfen für einen Weg, der es uns und auch den nachfolgenden Generationen nicht nur erträglich macht, sondern sogar Freude, in dieser Kirche zu bleiben! Weil wir hier beheimatet sind, weil uns so sehr an ihr liegt. Damit es wieder um die Botschaft Jesu geht.«[11]

Die Frauen nennen Maria 2.0 eine »Graswurzelbewegung«. Es erschließt sich sofort, dass hier – räumlich gedacht – etwas *unten* angesiedelt ist, sodass auch von *Basisbewegung* gesprochen werden könnte. Nun ist das wurzelnde Gras jedoch ein starkes Bild für eine dynamische Bewegung von unten. Die Bodenhaftung gibt der Pflanze Halt, das Wurzelsystem nimmt Nährstoffe auf und lässt die Pflanze wachsen. Es geht um das, was ich gern »Erdung« nenne. Die dieses Bild auf den Raum der Kirche beziehen, verorten sich selbst in der Kirche als ihrer »Heimaterde«. Sie ist der Grund, der sie trägt. Sie sind Basischrist*innen.

Graswurzelbewegungen initiieren Prozesse von unten nach oben (»bottom-up«) statt der üblichen Prozesse von oben nach unten (»top-down«), die häufig mit Machtansprüchen gekoppelt sind. Graswurzelbewegungen stehen für Gewaltfreiheit bis hin zu »zivilem Ungehorsam«. Sie sind keine Verbände oder Vereine. Sie können somit flexibler agieren. Aber sie vernetzen sich natürlich häufig mit Verbänden, die vergleichbare Ziele verfolgen.

Wie alles begann, schreiben die Frauen von Maria 2.0 auf ihrer Webseite. In einem Lesekreis hatten sie sich mit »Evangelii gaudium« beschäftigt, dem ersten Apostolischen Schreiben von Papst Franziskus aus 2013, dem Jahr seines Regierungsbeginns. Dort hatte der Papst ein ganz neues Bild von Kirche vorgestellt:

> »Mir ist eine ›verbeulte‹ Kirche, die verletzt und beschmutzt ist, weil sie auf die Straßen hinausgegangen ist, lieber als eine Kirche, die aufgrund ihrer Verschlossenheit und ihrer Bequemlichkeit, sich an die eigenen Sicherheiten zu klammern, krank ist. ... Ich hoffe, dass mehr als die Furcht, einen Fehler zu machen, unser Beweggrund die Furcht sei, uns einzuschließen in die Strukturen, die uns einen falschen Schutz geben, in die Normen, die uns in unnachsichtige Richter verwandeln, in die Gewohnheiten, in denen wir uns ruhig fühlen, während draußen eine hungrige Menschenmenge wartet und Jesus uns pausenlos wiederholt: ›Gebt ihr ihnen zu essen!‹ (Mk 6,37).«[12]

Die Wirklichkeit der Kirche hingegen stellte sich nicht als dynamisch dar, sondern als lähmend:

> »Wir haben darüber gesprochen, wie sehr uns die aktuelle Situation in der Kirche beschäftigt. Wie schwierig es manchmal ist, Menschen, die

fern der Kirche stehen, zu erklären, warum man überhaupt noch dabei ist, bei all dem Grauen, das da in den letzten Jahren immer und immer wieder und immer mehr zu Tage getreten ist und tritt und wie sehr uns der Umgang der meisten Amtsinhaber mit den Tätern, den Mittätern und den Opfern entsetzt. Dass seit Jahren die immer gleichen Fragen diskutiert werden und dass trotz der allseits beteuerten Reformbereitschaft die Abschaffung bestehender männerbündischer Machtstrukturen nicht in Sicht ist.«[13]

Dennoch sind diese Frauen nicht in Resignation verfallen: »Schnell war uns klar: Wir müssen nicht nur klagen, sondern handeln, und Maria 2.0 war geboren. Maria 2.0 ist keine Gruppe einer bestimmten Gemeinde, sondern eine freie Initiative von Frauen.«[14]

Konkret formulierten die Gründerfrauen einen »Offenen Brief an Papst Franziskus aus Anlass des Sondergipfels in Rom vom 21.–24. Februar 2019 zum Thema der sexualisierten Gewalt in der Kirche«. Darin forderten Sie:

- »kein Amt mehr für diejenigen, die andere geschändet haben an Leib und Seele oder diese Taten geduldet oder vertuscht haben

- die selbstverständliche Überstellung der Täter an weltliche Gerichte und uneingeschränkte Kooperation mit den Strafverfolgungsbehörden
- den Zugang von Frauen zu allen Ämtern der Kirche
- die Aufhebung des Pflichtzölibats
- kirchliche Sexualmoral an der Lebenswirklichkeit der Menschen auszurichten«[15]

Den Forderungen verliehen sie Nachdruck durch einen Aufruf zum »Kirchenstreik«:

»Wir rufen im Marienmonat Mai, in der Woche vom 11. bis zum 18. Mai 2019, alle Frauen auf, in einen ›Kirchenstreik‹ zu treten: Wir betreten keine Kirche mehr und tun keinen Dienst. Vor den Kirchen werden wir Gottesdienst feiern und unsere Klagen und Forderungen nachdrücklich und kreativ zum Ausdruck bringen. Wir werden informieren und diskutieren und wir werden deutlich machen, dass jetzt die Zeit ist und die Stunde, um zu handeln.«[16]

Maria 2.0 fand schnelle viele Unterstützer*innen. Aktivist*innen feierten außerhalb der Kirchenräume Gottesdienste, trafen sich zu Gebeten, zu Maiandachten, zu Demonstrationen, und ließen ihre Arbeit in vielen Gemeinden für eine Woche ruhen.

Keine Kirche zu betreten hieß auch, nicht als Lektorinnen, nicht als Kommunionhelferinnen und nicht als Ministrantinnen zu fungieren. Kleiderkammern blieben geschlossen und Mittagstische fielen aus. Manches Mal »erbarmten sich« Männer und übernahmen die Dienste.

Ich habe mich am »Kirchenstreik« beteiligt. Für mich war der Verzicht auf die sonntägliche Eucharistiefeier tatsächlich nicht leicht. Ich begriff mein Tun als »Hungerstreik«. Ich wies darauf hin, dass uns in wenigen Jahren – in vielen Teilen der Welt ja bereits heute (aus diesem Grund tagte ja im Oktober 2019 die Amazonas-Synode, an der immerhin über 30 Frauen teilnehmen konnten, wenn auch ohne Stimmrecht) – am Sonntag keine Eucharistiefeier mehr zusammenführen wird. Ich unterschreibe, was jemand so auf den Punkt gebracht hat: »Das Wichtigste, was wir in unserer Kirche haben, die Mahlgemeinschaft, opfert die katholische Kirche auf dem Altar des Zölibates.« Es gibt meines Erachtens genügend Menschen, Männer und Frauen, die sich berufen fühlen und geweiht werden könnten. Nur hat sich die Kirche selbst Fesseln angelegt, indem sie die Zulassung zum Priesteramt an das männliche Geschlecht und die Ehelosigkeit bindet.

Ich spürte und spüre immer noch einen bebenden Zorn darüber, dass Priester davon sprachen, dass sie selbst nicht auf die sonntägliche Eucharistie verzichten würden, und uns Frauen maßregelten, die vor den Kirchen blieben. Sie gehen sehenden Auges in eine Zukunft, die ich *eucharistielose Zukunft* nenne. Dafür, dass wir in absehbarer Zeit keine sonntäglichen Mahlfeiern mehr mitfeiern werden, muss sich die Amtskirche verantworten.

Maria 2.0 hat natürlich auch viel Kritik hervorgerufen. Viele waren sich einig, dass die »Bestreikung der Eucharistie« unter keinen Umständen ein Mittel des Protestes sein dürfe. Die Rückmeldungen der Aktivist*innen, dass man nicht zum »Eucharistiestreik« aufgerufen habe, wurden zurückgewiesen mit dem Hinweis, dass Gottesdienste *vor* den Kirchen gefeiert worden waren, teilweise zeitgleich mit den *in* den Kirchen stattfindenden Eucharistiefeiern. Dass bei manchen Wortgottesfeiern vor den Kirchen auch Brot geteilt worden war, hielten einige für ein Sakrileg. Sie sahen darin einen ungehörigen Angriff auf das eucharistische Monopol des Weiheamts. Einige fühlten sich dazu herausgefordert, die Bewegung als häretisch zu verurteilen und ihr den Kampf anzusagen.

»Instrumentalisierung« wurde zu einem der am meisten genutzten Worte der Kritiker*innen. Die Frauen hätten den sexuellen Missbrauch instrumentalisiert, sie hätten die Eucharistie instrumentalisiert und dann hätten sie auch noch Maria instrumentalisiert, indem sie die Gottesmutter durch den Titel der Bewegung ihrer Originalität beraubt und stattdessen ein Wunschbild gemalt hätten, das unkatholisch sei.

Andere störten sich am Namen »Maria 2.0«. Die »2.0« ist der Computersprache entliehen. Es handelt sich um eine Versionsnummer, die eigentlich auf Softwareprodukte angewendet wird. Sie signalisiert: Dem Nutzer steht eine verbesserte Version zur Verfügung. Das ist zugegebenermaßen missverständlich. Eine kritische Gegenbewegung, die die Reformforderungen ablehnt, hat denn auch das Motto »Maria braucht kein Update« gewählt und sich »Maria 1.0« genannt. Es geht natürlich nicht darum, Maria zu »verbessern«. Allerdings geht es durchaus um eine Aktualisierung des Frauenbildes in der Kirche, das sich auf Maria beruft. Häufig fragen Frauen nach der Bedeutung des »2.0« erst, nachdem sie schon eine Weile in der Bewegung aktiv sind. Daran wird deutlich, dass der Name weniger entscheidend ist als die Inhalte, die Aktionen und deren Begründungen.

Vielleicht könnte man auch umgekehrt sagen: Maria wird verzweckt, um Kritik zu unterdrücken (der Fairness halber muss man dazusagen, dass es auch Reformer*innen gibt, die den »unbeweglichen« traditionellen Katholik*innen nicht immer lautere Motive unterstellen).

Ich kann Julia Knop, Professorin für Dogmatik an der Uni Erfurt, nur zustimmen, wenn sie sagt:

»Wer Unerhörtes äußert, gilt auch heute noch als unkatholisch. Bei ›Maria 2.0‹ steht viel auf dem Spiel; und nichts davon ist neu. Es geht um konsequente Ahndung von klerikalem Missbrauch, eine zeitgemäße Sexualmoral und echte Geschlechtergerechtigkeit in der Kirche. ... Die Themen müssen auf die Agenda – aber es braucht auch partizipative Diskurs- und Entscheidungskulturen. Die Frauen von ›Maria 2.0‹ sind vielleicht die letzten ihrer Generation, die sich überhaupt noch zu Wort melden und darauf setzen, dass sich kirchliche Erneuerung nicht in Symbolpolitik erschöpft. Wann hören sie den ersten Bischof öffentlich sagen: ›Maria 2.0: Ich bin dabei‹?«[17]

»Maria, schweige nicht!« – Mit dieser Aktion unterstützt der Katholische Deutsche Frauenbund (KDFB) die Anliegen von Maria 2.0.

»Die KDFB-Präsidentin Maria Flachsbarth erklärt dazu: ›Frauen sind Kirche, sie gestalten sie wesentlich mit und sind unverzichtbar für eine glaubwürdige Kirche. Wir engagieren uns dafür, dass Frauen und Männer gleichberechtigt

Verantwortung, auch geistliche Verantwortung, übernehmen. Reformen sind notwendig, wenn die Kirche wieder an Bedeutung gewinnen und eine Zukunft haben will. Die Frage nach Ämtern und Strukturen gehört eindeutig dazu.‹

›Maria, schweige nicht!‹ ermuntert Frauen, das zur Sprache zu bringen, wozu sie in der Kirche nicht schweigen wollen, was ihnen unter den Nägeln brennt und wo sie Handlungsbedarf sehen.«[18]

Es gibt viel Frauensolidarität. Es gibt auch viele »Alt-Aktivist*innen« – was ich nicht despektierlich meine –, die solidarisch mit den Maria-2.0-Aktivist*innen unterwegs sind. Das ökumenische Netzwerk »Initiative Kirche von unten«,[19] gegründet beim Katholikentag 1978 in Freiburg, hatte bereits 1995 beim »Kirchenvolksbegehren« ca. 1.500.000 Unterschriften für eine grundlegende Erneuerung der Kirche gesammelt. Sie unterstützt Maria 2.0. Auch Stimmen der Plattform »Wir sind Kirche«,[20] gegründet 1996 und inzwischen weltweit vertreten, waren z. B. bei einer Veranstaltung von Maria 2.0 im Juli 2019 in Münster nicht zu überhören: »Wir sind Kirche. Wir sind hier. Gleichberechtigt. Amen.«

Alle diese Initiativen wollen Aufklärung der Missbrauchsverbrechen und Bestrafung der Täter und der Vertuscher. Spätestens seit der MHG-Studie ist aber auch dokumentiert, dass es dabei nicht nur um individuelles Fehlverhalten Einzelner geht, sondern dass es in der Kirche Machtstrukturen gibt, die den Missbrauch begünstigen. Wer also nachhaltig ernsthaft etwas gegen Missbrauch tun will, kann nicht umhin, die Strukturen zu verändern. Nach Überzeugung von Maria 2.0 sind dazu mehr Transparenz und ein Aufbrechen geschlossener Männerbünde nötig. Ein wesentlicher Schritt dahin ist der Zugang von Frauen zu allen Ämtern der Kirche, auch zu den Weiheämtern.

Befreiende Menschlichkeit!?

Maria als Vorbild und Abbild

Es ist naheliegend, dass überall da, wo Frauen in der Kirche aufstehen, Maria, die Mutter Jesu, in den Blick gerät. Sie ist doch *die* Frau im Katholizismus; ihr kommt eine ganz besondere Rolle zu.

Dass Frauen in allen Jahrhunderten an ihr sowohl sich ein Beispiel nahmen als auch sich an ihr stießen, ist nicht neu. Dass sie mit Zunahme exegetischer Erkenntnisse und dann noch einmal unter der feministischen Exegese als Idealbild der Frau, wie es die Volksfrömmigkeit und die Kirche bis dahin gezeichnet hatten, ins Wanken geriet, ist ebenso verständlich. Wer sich Bilder der Maria anschaut, wird sie romanisch streng finden oder gotisch himmelstürmend, in der Regel mit ihrem Kind auf dem Arm. Es gibt auch die gebildete Maria, die lesend den Engel empfängt. Ungewöhnlich malte Max Ernst Maria, wie sie den Jesusknaben übers Knie liegt.

Maria war nicht nur Vorbild, sondern auch Abbild und Projektionsfläche des jeweiligen Frauenbildes in der Zeitgeschichte. Und ebenso trägt Maria in den verschiedenen Kulturen entsprechende Züge. Heute gibt es z. B. Darstellungen einer jungen Maria in Not angesichts der Schwangerschaftsbotschaft des Engels. Ich kenne auch das Bild einer Maria, die nicht aufrecht stehend den Sohn sterben sehen konnte, sondern sich unter dem Kreuz zusammenkauerte. Gern verweise ich auch auf die sehr verschiedenen Marien in den Krippendarstellungen.

»Ich sehe dich in tausend Bildern, Maria, lieblich ausgedrückt«, schrieb Novalis. Erinnern Sie sich an die vielen Bilder der lauretanischen Litanei (im »Gotteslob« Nr. 566)? Das Gedicht »Und Maria sang« von Kurt Marti erregt die Gemüter immer noch. Darin heißt es unter anderem:

»und maria konnte kaum lesen
und maria konnte kaum schreiben
und maria durfte nicht singen
noch reden im bethaus der juden
wo die männer dem mann-gott dienen ...

später viel später
blickte maria ratlos von den altären
auf die sie gestellt worden war
und sie glaubte an eine Verwechslung
als sie – die vielfache mutter –
zur jungfrau hochgelobt wurde«[21]

In seinem Gedicht »Maria« von 1922 hat sich auch Bertolt Brecht der »irdischen« Frau angenähert. Es erzählt, wie die Realität später überblendet und verklärt wurde. Es beginnt so:

»Die Nacht ihrer ersten Geburt war
Kalt gewesen. In späteren Jahren aber
Vergaß sie gänzlich
Den Frost in den Kummerbalken und rauchenden Ofen
Und das Würgen der Nachgeburt gegen Morgen zu.«[22]

Wer ist Maria für Sie? Wer ist sie für mich? Welches der tausend Bilder ist Ihr Bild? Für Johanna Stöhr, Initiatorin der Maria-1.0-»Gegenbewegung«, sieht Maria so aus: »Maria ist makellos, in allen Tugenden vollkommen und ohne Sünde. Sie ist einfach perfekt und auch das größte und schönste Vorbild in der Nachfolge Jesu für alle Gläubigen, insbesondere natürlich für uns Frauen. Das Perfekte braucht kein Update!« Auf die Frage, welche Rolle Maria in ihrem Leben einnehme, antwortet sie, Maria sei »der einfachste, sicherste und schnellste Weg zu Christus. Eine Seele, die sich ganz ihren mütterlichen Händen anvertraut, kann letztlich nicht verlorengehen.«[23] Es gibt viele, für die – so oder ähnlich – Maria ein Inbegriff ihrer Hoffnung ist.

Ich nehme Sie, liebe Leser*innen, mit in die Nähe meines Heimatortes. Da gibt es mitten in einem Buchenwald einen alten Marienwallfahrtsort. Dort möchte ich Ihnen meine Mariengedanken darlegen. Auf dem Weg dorthin kommen mir schon am Vormittag einige ältere Männer entgegen. Ich wähne sie auf dem Rückweg vom Besuch der Kapelle. Schon früher fiel mir auf, dass Marienfrömmigkeit nicht ausschließlich Frauenfrömmigkeit ist.

In der kleinen Vorhalle der Kapelle nimmt der hölzerne Außenaltar fast den gesamten Raum ein. An Sonntagen, die auf Marienfeste wie Mariä Himmelfahrt folgen, werden dort große Außengottesdienste zelebriert. Ansonsten findet in der Kapelle einmal in der Woche ein Gottesdienst statt.

So viele Erinnerungen werden wach. In meiner Kindheit liebte ich die Teilnahme an den Sternprozessionen. Ich liebte diese Super-Sommer-Sonnen-Sonntags-Gottesdienste (ich weiß: ein Vielwort; aber anders kann ich es nicht sagen). Singend und betend mit so vielen Menschen unterwegs zu sein, das mochte ich sehr. Damals war ich noch ganz Kind des katholischen Dorfes, des letzten im sogenannten kurkölnischen Sauerland an der Grenze zum evangelischen Siegerland. Der Katholizismus hatte dort eine starke bekennende und auch abgrenzende Intention. Die Wallfahrten dienten auch der Stärkung des verbindenden Glaubens. Sie schufen Öffentlichkeit und Identität.

Es ist still an diesem Ort. Maria thront mit ihrem Kind in der Mitte, oberhalb des Tabernakels. Ich fühle mich sanft angehalten, zu verweilen, und zugleich spüre ich einen großen Drang, diesen kleinen Andachtsraum schnell wieder zu verlassen. Ich bin im Zwiespalt der Gefühle.

Was ist es, das mir die marianische Frömmigkeit, die hier den gesamten Raum erfüllt, so suspekt macht? Und warum ist es seit Jahrzehnten bei jedem Besuch ähnlich? Und warum komme ich dennoch immer wieder hierher? Bedenkend, dass dieser Ort Menschen vieler Generationen vor mir guttat und Ort des Gebetes für sie war, lasse ich mich auf den Raum ein.

Könnte man die vielen Gebete in dieser Kapelle sichtbar oder hörbar wahrnehmen, wäre der Raum geschwängert von Ausdrücken des Vertrauens und der Hoffnung. Die Luft ist erfüllt davon. Ich meine, diese Dichte der Not und des Dankes, Maria vorgetragen, gleichsam zu riechen. So ist dieser Ort wohl ein Segensort. Ich sortiere diese Wahrnehmung zwischen den Wänden, den Bänken, den Bildern, und sehe die Kerzen in Bitt- und Dankintentionen sich verzehren. Ich bin an einem heilsamen Ort. Darum kann ich bleiben. Eine Weile.

Jedoch: Meine Skepsis, gar Ablehnung der so häufig praktizierten Marienfrömmigkeit gehört zu mir. Ich will mich nicht verbiegen. Das heißt, dass ich auch diesem Unbehagen Raum geben muss und diesen aversiven Gefühlen nachgehen will. So begebe ich mich hier an diesem Wallfahrtsort auf Spurensuche. Dazu schaue ich mich noch einmal um, versuche den Raum zu erfassen und die Anordnung der Gegenstände, vor allem der Bilder und Statuen, genauer in den Blick zu nehmen.

Die Kapelle ist ein kleiner gotischer Kirchenraum mit einem entsprechenden Altar. Die Anwesenheit Christi im eucharistischen Brot, angezeigt durch das Ewige Licht, ist allumfassend von Mariendarstellungen umgeben. Diese Bilderfülle erschlägt mich. Mich irritiert ein plötzlicher Gedanke: Die Kapelle wirkt auf mich wie ein Marienschoß. Maria dominiert den kleinen Raum durch die Vielzahl ihrer Darstellungen. Sie umgibt Jesus Christus so ganz und gar durch Bilder aus ihrem Leben, dass eher sie als er der Hauptgrund des Glaubens zu sein scheint. Diese marianische Dominanz ist an den Marienwallfahrtsorten so gewollt. Manche mögen das sehr. Ich mag es nicht. Aber ich denke darüber nach, ob diese Kapelle, in der sich ein Bild der schwangeren Maria befindet, eine »Adventskapelle« sein könnte.

Ich schaue mir die Bilder intensiv an, entdecke das Bild einer auf den ersten Blick trauten Familienidylle. Eine Maria mit Spinnrocken, ein Josef mit Hobel, und der kleine Jesus spielt zu Füßen der beiden. Nein, er spielt nicht. Er baut sich ein kleines Kreuz. Ich atme tief durch. Darf das Bild hier sein? Sollte es nicht wenigstens einen erklärenden Text dazu geben? Vor allem sollte die spinnende Maria erklärt werden. In diesem Bild finden sich Hinweise auf das, was mit der Mutter Jesu in der Volksfrömmigkeit geschehen ist. Sie trägt Züge der Urmütter und der Urgöttinnen. Ich kann nur jedem empfehlen, sich mit weiblichen Archetypen zu beschäftigen.

Dann fällt mein Blick auf das Bild unterhalb des Tabernakels, die Darstellung der Begegnung Mariens und Elisabeths, zweier schwangerer Frauen. Diese Szene ist die, an der ich stets Freude hatte, zumal die Begegnung im Gesang der Maria ihren Höhepunkt findet. Das Magnifikat ist in seiner Schönheit und als Glaubenslied ein Bestandteil meines marianischen Bildes, wie ich es immer hochgehalten habe. Ich sehe es als politisches Lied, als Umkehrung der Ordnung: »Er stürzt die Mächtigen vom Thron und erhöht die Niedrigen.« Das schafft in mir gleich eine Beziehung zur Bergpredigt. Ja, dieses Lied hat seinen festen Platz bei dem, was ich immer schon von Maria bewahren wollte.

»Die Maria, die das Magnifikat singt, verkündigt die frohe Botschaft, dass der Weg Gottes zu den Menschen und in die Geschichte endlich diejenigen zum Subjekt des Handelns macht, die immer nur die Opfer gewesen sind. Das macht Maria, die Frau aus Nazaret, zur Trägerin der Hoffnung und zur Mitstreiterin für alle, die sich mit der herrschenden Gewalt gegen Frauen und andere Menschen nicht abfinden können.« (Renate Wind[24])

Ich wende meinen Kopf. Und bin wieder eingenommen von der immerwährenden Anwesenheit der Maria. Hier wird sie angerufen. Sie wird um Hilfe gebeten. Sie, nicht ihr Sohn, ist für die meisten Gläubigen in dieser Kapelle der Gebetsmittelpunkt.

Vor der Kapelle auf einer Bank sitzend, erinnere ich mich, dass ich schon als Jugendliche von der Marienfrömmigkeit vieler Menschen eher negativ berührt war. Mir wurde häufig Maria, die Mutter – die den Müttern so viel näher sei als Gott der Vater oder Jesus –, vor Augen gestellt, wenn ich meine Skepsis äußerte. Wo ein Gott Vater ist, braucht es psychologisch wohl eine Mutter dazu. Zu wenig ist »das Weibliche in Gott« verkündet worden. Maria als Zufluchtsmöglichkeit war überall dort wichtig, wo das Patriarchat herrschte.

Maria wurde jedoch ihrer Sexualität beraubt, als sie zur ewigen Jungfrau erklärt wurde. So war die Frau, die zum Beispiel in dem eben genannten

Begegnungsbild mit ihrer Base Elisabeth so jung und glücklich und lebendig daherkommt, den irdischen Frauen zwar nah, aber nicht zur Gänze.

Mir kommt in den Sinn, wie viele Frauen meiner Eltern- und Großelterngeneration die Schwangerschaften nicht so fröhlich austrugen und ertrugen, wie es vermeintlich Maria tat. Wie viele Frauen starben im Kindbett, nachdem sie ihr siebtes oder achtes Kind geboren hatten? Maria ist der wirklichen Not vieler Frauen nicht mehr nah, da sie zur Mutter und zugleich zur Jungfrau erklärt wurde. Sie wurde enthoben, entrückt. Fatal war dann die Verbindung der Sexualität mit Eva und der Erbsündenlehre. Eva wurde die Irdische und Sündige, Maria die Himmlische, die Makellose.

Früher habe ich Betenden vorgeworfen, trotz anders lautender Glaubenssätze Maria anzubeten und sie so zu einer Göttin zu erheben. Dass in vielen Religionen Muttergöttinen all die Züge tragen, die der christliche Glaube der Maria zuspricht, einschließlich der Jungfrauengeburt, erfuhr ich erst viel später. Natürlich wurde ich früh mit dem Unterschied zwischen Anbetung und Verehrung vertraut gemacht und man versicherte mir, nach der Lehre der Kirche werde Maria *nur verehrt* (auf das *nur* verzichtete damals bei der Erklärung niemand). Allein Gott werde angebetet. Ja, ich wusste das, und trotzdem stellte es sich mir anders dar.

Vielleicht fragen Sie sich, liebe Leser*innen, ob solche Ausführungen zum Thema des Buches gehören. Ja. Unbedingt ja. Es sind Erfahrungen und Gedanken und Erklärungen, die viele katholisch sozialisierte Frauen in sich tragen. Aus ähnlichen Erfahrungen speist sich bei vielen Aktivist*innen das Engagement rund um die aktuellen Frauenreformbewegungen.

Ich ermutige ausdrücklich dazu, einander solche persönlichen Glaubensgeschichten zu erzählen. Sie verdeutlichen, was viele von uns Frauen erlebt haben. Dazu gehört, dass sie dem Mann niemals ebenbürtig waren, sondern zweit-, auf jeden Fall nachrangig. Von Gleichberechtigung keine Spur, sei Maria auch noch so sehr verehrt.

Dass meine Eltern mir den Namen Maria gaben, war eine sehr bewusste Entscheidung. All die Auseinandersetzungen mit meiner vorbildlichen Namenspatronin schildere ich hier nicht. Wichtig wurde mir jedoch, dass ich im Blick auf die Gestalt der Maria immer wieder auf Dorothee Sölle gestoßen bin, die evangelische politische Theologin. Mit ihr verbinden alle, die sie bewusst erlebt haben, auch die Theologie der Befreiung. Ich halte ihre Gedanken für hochaktuell, weil ich uns – wieder! – in einer ähnlichen Situation sehe. Ist das, was wir gerade (er)leben, nicht eine Situation, in der wir Frauen »Befreiung« einfordern?

»Maria ist submissiv, sie ist unterwürfig. Aber sie ist auch subversiv in dem Sinn, wie die lateinamerikanische Polizei das Wort benutzt: Sie zersetzt die Macht der Herrschenden. ... Ich bin ... nicht bereit, Maria den anderen zu überlassen. ... Es fällt mir schwer, die Millionen Frauen vor mir, die Maria geliebt haben, für nur blind und betrogen zu halten. Da muss auch Widerstand gewesen sein. Widerstand, aus dem wir lernen können.« (Dorothee Sölle[25])

Für die Befreiungstheologie hatte das »Mädchen Maria« große Bedeutung. Frauen und Männer aus den Befreiungsbewegungen trugen häufig Armbänder mit dem abgedruckten Magnifikat wie andere ihre Kreuze. Auch die Frauen von Maria 2.0 wollen die Gottesmutter nicht anderen überlassen. Im offenen Brief an Papst Franziskus schreiben sie:

»Frauenlob wird gerne von Kirchenmännern gesungen, die aber allein bestimmen, wo Frauen ihre Talente in der Kirche einbringen dürfen. In ihrer Mitte dulden sie nur eine Frau: Maria. Auf ihrem Sockel. Da steht sie. Und darf nur schweigen.

Holen wir sie vom Sockel! In unsere Mitte. Als Schwester, die in die gleiche Richtung schaut wie wir.«[26]

Viele möchten Maria – und sich selbst – genau so haben, wie sie immer für sie war. Maria ist für viele ein Herzensthema und sehr emotional. Umso wichtiger ist also, dass wir behutsam miteinander umgehen. Eigentlich müssten sich alle Katholik*innen noch einmal mit Maria befassen, und zwar mit der historischen Maria, mit der Maria der Dogmen und mit dem je eigenen Bild der Schwester im Glauben. Und die Kirchenpatriarchen sollten ein Bekenntnis ablegen, dass sie Maria gern als Vorbild für die Frauen hingestellt haben, aber nur so, wie es ihnen passte. Die Religionswissenschaftlerin Theresia Heimerl fasst mit Blick auf das Schreiben der Glaubenskongregation »Über die Zusammenarbeit von Mann und Frau in der Kirche und in der Welt« an die Bischöfe der katholischen Kirche von 2004[27] zusammen:

> »Es muss ein genuin weibliches Wesen geben und dieses muss sich durch all das auszeichnen, was sich viele (klerikale) Männer offenbar so sehr wünschen, weil sie es weder an sich selbst noch an der real existierenden Frau in ihrer Umgebung vorfinden.«

Die in dem Schreiben benannten Haltungen des Hörens, des Aufnehmens, der Demut, der Treue, des Lobpreises und der Erwartung finden sich

»allesamt exempliziert an ›der‹ Frau schlecht-
hin, Maria. Männer, so die abschließende Über-
legung dazu, könnten dies alles vielleicht auch
sein und tun, aber bei den Frauen sei es doch
irgendwie ›natürlicher‹ … So gesehen ist es nur
›natürlich‹, dass das Priesteramt Männern vor-
behalten bleibt … Alles andere hieße, den na-
türlichen Drang zur Demut zu unterdrücken.«[28]

Zurück zur Wallfahrtskapelle: Nein, ich plädiere
nicht dafür, all die Bilder wegzunehmen, die ich
nicht zeitgemäß finde. Aber ich möchte auch mit
meinem Marienbild Raum finden an einem Wallfahrtsort. Ich möchte nicht überall nur auf die Bilder anderer Generationen festgelegt werden. Wie
wäre es, einen leeren Bilderrahmen mit den Worten »Dein individuelles Marienbild« aufzuhängen?
– Renate Wind bringt es auf den Punkt:

»Kein einziger biblischer Text kann als Grund-
lage für den alten und neuen Marienkult her-
halten. Die Maria der biblischen Überlieferung,
auf die wir uns heute neu besinnen, ist nicht die
Madonna der kirchlichen Traditionen und
nicht die Wiederkehr der heidnischen Mutter-
göttin. Sie ist Menschenfrau aus Nazaret, die
Mutter des Menschensohns. Das Befreiende an
ihr ist die Menschlichkeit.«[29]

Geschlechtergerechtigkeit in der Kirche
Die Frauenfrage als Überlebensfrage

Hinter der Frage nach der Frau in der Kirche verbergen sich viele Einzelfragen, etwa: Was könnte Frau in der Kirche sein? Was darf Frau in der Kirche? Ist das, was sie *tut,* ihrem Wesen entsprechend? Ist das, was sie *tun will,* ihrem Wesen entsprechend? Was ist denn überhaupt das Wesen der Frau? Gibt es das *eine* Wesen der Frau überhaupt? Wer definiert das Wesen der Frau? Warum glauben Männer, zu wissen, was das Wesen der Frau ist? Ist es gerechtfertigt, dass Männer festlegen, was Frau in der Kirche kann und darf und was nicht? Christiane Florin spricht mir aus der Seele:

> »Kirchenmänner, womöglich mit einer aufgestickten Jungfrau Maria auf der Rückseite des Messgewandes und mit der Tradition im Rücken, fühlen sich nach ›Humane Vitae‹ erst recht berufen, das ›Frausein‹ oder besser: das Frau-Soll zu definieren. Wer selbst weiblich ist, weiß noch lange nicht, was weiblich sein soll.«[30]

Sr. Philippa Rath aus dem Benediktinerinnenkloster Eibingen ergänzt selbstkritisch um einen gern übersehenen Aspekt:

»Wenn wir ehrlich sind, müssen wir zugeben, dass wir die systemische Benachteiligung von Frauen über Jahrhunderte hinweg so verinnerlicht haben, dass wir uns zunächst einmal selbst aus alten Denkmustern und Verhaltensweisen befreien müssen. ... Begegnung auf Augenhöhe ist immer ein wechselseitiges Geschehen.«[31]

Letztendlich ist die Frage die, ob das Geschlecht überhaupt irgendeine Rolle spielen sollte in der Kirche. Christ*in ist man durch die Taufe und durch die Nachfolge Jesu in Glauben, Hoffnung und Liebe – Männer wie Frauen gleichermaßen. »Gott erschuf den Menschen als sein Bild, als Bild Gottes erschuf er ihn. Männlich und weiblich erschuf er sie« (Genesis 1,27). Weder als Mensch noch als Christin steht die Frau hinter dem Mann zurück. Immer mehr Frauen in der katholischen Kirche fordern deshalb das Recht ein, zu allen Weiheämtern zugelassen zu werden. Nur dann kann man von Geschlechtergerechtigkeit in der Kirche sprechen.

Es gibt Menschen, die das anders sehen: Da Maria keine Priesterin war, brauchen die normalen Frauen erst recht keine Priesterinnen zu sein. Zum Beispiel Papst Johannes Paul II.:

»Im Übrigen zeigt die Tatsache, dass Maria, die Mutter Gottes und Mutter der Kirche, nicht den eigentlichen Sendungsauftrag der Apostel und auch nicht das Amtspriestertum erhalten hat, mit aller Klarheit, dass die Nichtzulassung der Frau zur Priesterweihe keine Minderung ihrer Würde und keine Diskriminierung ihr gegenüber bedeuten kann, sondern die treue Beachtung eines Ratschlusses, der der Weisheit des Herrn des Universums zuzuschreiben ist.«[32]

Sr. Anna Mirijam Kaschner, als Generalsekretärin der Nordischen Bischofskonferenz in Kopenhagen in leitender Funktion tätig, begründet ihre Ablehnung der Weiheämter für Frauen damit, bei der Weihe gehe es »nicht um ein Menschenrecht und nicht um ein Machtinstrument. Der Priesterberuf ist eine Berufung, die von Gott kommt.« Sie schlägt vor, »dass wir Frauen in der Kirche unsere Rolle einnehmen, die sich nicht über das Streben nach dem Priesteramt definiert«, weil sich das besondere Charisma der Frauen vielleicht besser außerhalb hierarchischer Strukturen einbringen lasse: »Maria Magdalena war nicht im Abendmahlssaal dabei – aber sie ist erste Zeugin der Auferstehung, Apostolin der Apostel. Warum? Vielleicht, weil Jesus wusste, dass in den Frauen eine prophetische Gabe steckt, die durch das hierarchische Amt einge-schränkt würde?«[33]

Dass Frauen *ohne* Amt mehr bewirken können als *mit* Amt, ist eine Mutmaßung, die sich aus den bisherigen Erfahrungen nicht gerade nahelegt. Und dass die Berufung zum Priestertum von Gott kommt, hat niemand bestritten. Aber was sagt die Schwester den Frauen, die sich von Gott zum Priestertum berufen fühlen?

Tatsächlich bieten die ordinierten Männer der Kirche Frauen inzwischen mehr Leitungspositio-nen an, wie auch Sr. Anna Mirijam eine innehat. Das ist ein Schritt in die richtige Richtung, aber nicht ausreichend. Wenn Männer der Kirche Frau-en etwas von ihrer Verantwortung delegieren, ist das wie ein Gnadenakt. Aber wir wollen nicht Gnade, sondern Recht. Dabei geht es nicht nur um die Frauen, sondern um die Kirche als Ganzes. Ob die Kirche eine Zukunft hat, entscheidet sich auch an der Frauenfrage. Noch einmal Sr. Philippa:

»Mehr als die Hälfte der 1,28 Milliarden Katho-liken auf der Welt sind Frauen. Ihr Anteil an den Entscheidungsprozessen aber ist nach wie vor verschwindend gering. … ich bin überzeugt, dass die Frauenfrage schon heute und künftig noch mehr von existenzieller Bedeutung für die Kirche ist und dass es bald sehr einsam werden könnte für die Amtsträger, wenn der Exodus der Frauen oder auch nur die innere Emigration so weiter voranschreiten.«[34]

Wenn Sie jetzt zu diskutieren beginnen, habe ich für dieses Kapitel mein Ziel erreicht.

Wie gültig ist endgültig?

Das Diskussionsverbot von Johannes Paul II.

»Es reicht jetzt!«, sagen die Frauen heute. Vielleicht hat auch Papst Johannes Paul II. so gedacht, aber dabei freilich das Gegenteil gemeint. In seinem Apostolischen Schreiben »Ordinatio sacerdotalis« (lat.: »Die Priesterweihe«) vom 22. Mai 1994 lesen wir:

> »Damit also jeder Zweifel bezüglich der bedeutenden Angelegenheit, die die göttliche Verfassung der Kirche selbst betrifft, beseitigt wird, erkläre ich kraft meines Amtes, die Brüder zu stärken (vgl. Lk 22,32), dass die Kirche keinerlei Vollmacht hat, Frauen die Priesterweihe zu spenden, und dass sich alle Gläubigen der Kirche endgültig an diese Entscheidung zu halten haben.
>
> Während ich auf euch, verehrte Brüder [!], und auf das ganze christliche Volk den beständigen göttlichen Beistand herabrufe, erteile ich allen den Apostolischen Segen.«[35]

Das Schreiben ist an die Bischöfe gerichtet, nicht an die Frauen. Es scheint zu reichen, *über* die Frauen zu reden.

Papst Franziskus, der zwar eine Arbeitsgruppe

damit beauftragt hatte, sich mit den Möglichkeiten der Diakonenweihe für Frauen zu befassen, hat, was die Priesterweihe angeht, keine andere Botschaft. Auf dem Rückflug von seiner Schwedenreise anlässlich der 500-Jahr-Feier der lutherischen Reformation formulierte er 2016:

>>Hinsichtlich der Weihe von Frauen in der katholischen Kirche hat der heilige Johannes Paul II. das letzte klare Wort gesprochen, und das bleibt. Das gilt.<<[36]

Im Mai 2018 wurde vom Präfekten der Glaubenskongregation, Erzbischof Luis Ladaria in der Vatikanzeitung >>L'Osservatore Romano<< erneut erklärt, dass das Nein der katholischen Kirche zur Priesterweihe von Frauen unumkehrbar sei und zur unfehlbaren Lehre der Kirche gehöre.[37] >>Die Tür ist geschlossen. Präziser: Die Tür ist verschlossen, einen Schlüssel gibt es nicht<<, sagt der Freiburger Kirchenrechtler Georg Bier:

>>Man mag bedauern, dass die Frauenpriesterweihe nach dem – für alle Gläubigen maßgeblichen – Verständnis von Papst und Bischöfen eine solch grundlegende Bedeutung hat; man mag die Lehre für unzeitgemäß oder nicht sachgerecht halten. Das ändert nichts daran, dass

nach dem Verständnis des Lehramts in dieser Frage nicht bloß das vorletzte, sondern das allerletzte Wort gesprochen ist.«[38]

Sabine Demel, Kirchenrechtlerin aus Regensburg, weist in ihrer Entgegnung darauf hin, dass Papst Johannes Paul II. keine unumstößliche Ex-cathedra-Entscheidung getroffen hat. Denn dazu gehört, dass der Papst formell etwas ausspricht, worüber in der ganzen Kirche augenscheinlich Einigkeit besteht.

Frau Demel bemängelt, dass ein Konsens unter den Bischöfen der Welt stillschweigend vorausgesetzt wurde, ohne ihn jedoch abzufragen und positiv festzustellen, wie es für eine definitive Lehrentscheidung nötig gewesen wäre:

»Ein übereinstimmendes Urteil des gesamten Bischofskollegiums im Sinne des c. 749 § 2 liegt hinsichtlich der (Un-)Möglichkeit des Frauenpriestertums nicht vor, weil ein solches übereinstimmendes Urteil nicht einfach nur vermutet werden kann, sondern nachweislich erbracht werden muss. Das gilt umso mehr, als in c. 749 § 3 explizit geregelt ist: ›Als unfehlbar definiert ist eine Lehre nur anzusehen, wenn dies offensichtlich feststeht.‹«[39]

Dazu müssten also alle Bischöfe ihren Konsens in dieser Frage zum Ausdruck bringen. Beispiele allein schon aus dem deutschsprachigen Raum zeigen, dass dieser Konsens nicht besteht. Bischof Helmut Dieser von Aachen sagt: »In der Frage der Weihe von Frauen ist die Tür zu. Und ich will an dieser Tür nicht rütteln.«[40] Für den Magdeburger Bischof Gerhard Feige hingegen ist die Frage einer Priesterweihe von Frauen offen: »Dies rigoros abzulehnen und lediglich mit der Tradition zu argumentieren, überzeugt nicht mehr«, sagte er der Katholischen Nachrichten-Agentur (KNA). Im Moment sei es noch zu früh dafür, die Einheit der Kirche werde daran zerbrechen. Aber sie werde kommen. Die KNA meldet: »Unter Berufung auf Papst Franziskus erklärte der Bischof, die Lehre der Kirche sei nicht zu bewahren, ohne ihre Entwicklung zuzulassen. Im Laufe der zwei Jahrtausende habe sich vieles nicht nur in Kleinigkeiten verändert. ›Könnte der Geist Gottes uns nicht auch heute zu neuen Erkenntnissen und Entscheidungen führen?‹, fragte Feige.«[41]

Auch vom Bischof von Würzburg, Franz Jung, kommen nachdenkliche Töne: »Ich weiß nicht, ob ich das noch erleben werde – aber die Frage, dass auch Frauen am Altar stehen, steht im Raum. Ich denke, dass diese Frage auf Dauer nicht abzuweisen ist.«[42] Sehr klar äußert sich Felix Gmür, der Bischof von Basel: »Ich persönlich kann mir eine Frau am Altar vorstellen.«[43]

Noch einmal Sabine Demel:

»Das behauptete übereinstimmende Urteil des Bischofskollegiums über die Nichtzulassung von Frauen zur Priesterweihe steht nicht offensichtlich fest … Die lehramtliche Verkündigung hinsichtlich der Nichtzulassung von Frauen zur Priesterweihe ist nicht unfehlbar und damit angesichts neuer theologischer Erkenntnisse und rechtlicher Erfordernisse veränderbar.«[44]

Diese Einschätzung teilt Ottmar Fuchs, emeritierter Professor für Praktische Theologie in Tübingen:

»Die Frage nach der Frauenordination ist lehramtlich *nicht* geklärt. Der Ausschluss der Frauen vom Priesteramt wird von der Kurie gerne als endgültig vorgegebene Lehre vorgeschrieben, obgleich diese Lehre bislang, wenn auch mit harschen Formulierungen, textsortenmäßig nur in Verlautbarungen des ordentlichen Lehramts und darin nicht als Wahrheitsaussage, sondern als Befindlichkeitsaussage über die Kirche, dass sie sich zur Zulassung von Frauen zum Ordo nicht für berechtigt hält, formuliert wurde.«[45]

Mit Blick auf die Zulassung von Frauen zu den Weiheämtern hat der Erzbischof von Wien, Kardinal Christoph Schönborn, in einem Interview mit österreichischen Zeitungen darauf verwiesen, diese Frage könne »sicher nur von einem Konzil geklärt werden«: »Das kann auch nicht ein Papst alleine entscheiden. Das ist eine zu große Frage, als dass sie vom Schreibtisch eines Papstes aus geklärt werden könnte.«[46]

Nein, Johannes Paul II. hat kein klärendes Wort gesprochen, sondern eher ein Machtwort. Gemeint hat er vermutlich, sein Wort sei klar, wenn er es in die Form eines Machtwortes gösse. So jedenfalls urteilen viele von uns über dieses Apostolische Schreiben. Einige von uns Frauen fühlen sich, als habe man uns erneut einen Maulkorb umgehängt. Natürlich sind mit *allen* Gläubigen, die sich daran zu halten haben, auch die Männer gemeint, aber viele von ihnen brauchen keinen Maulkorb, weil sie gern gehorsam daherkommen, da sie ja nicht die ungerecht Behandelten sind.

Für uns wiederholt sich, was wir Frauen in der Kirche kennen: »Schweigt.« Die Künstlerin und Mitinitiatorin von Maria 2.0 Lisa Kötter malt reale Menschen, vorwiegend Frauen, denen der Mund mit einem Heftpflaster verschlossen ist. Ihr erstes Frauenbild in dieser Reihe ist eine Ikone der Maria. Dieses Bild ist zu einem Wiedererkennungszeichen geworden. Auch Aktivistinnen treten häufig mir verklebten Mündern auf.

Womit vermutlich weder Papst Johannes Paul II. noch seine Nachfolger noch viele Bischöfe gerechnet haben, ist die Tatsache, dass das Schreiben »Ordinatio sacerdotalis«, das einem Denk-, Frage- und Diskussionsverbot gleichkommt, keinen Menschen davon abhält, zu denken, zu fragen und zu diskutieren. »Glauben entbindet nicht vom Denken« (Heribert Prantl).[47] Und: »Es geht um Gendergerechtigkeit« (Ottmar Fuchs).[48] Eigenartigerweise hat die Kirche mit dem Wort Gender massive Probleme und mit der Geschlechtergerechtigkeit ebenso. Es scheint tatsächlich für manche Männer nicht denkbar, dass Frauen ihnen in allem gleichwürdig sein sollen.

Erwachsene Menschen und erwachsen gewordene Christen lassen sich nicht mehr verbieten, zu denken, zu reden und zu handeln und gegen dieses ungerechte Verbot aufzustehen. Wer den Eindruck hat, dass ihr/ihm Unrecht widerfährt, wird ungehorsam aufstehen, wenn sie/er stark genug ist.

»Die Bewusstwerdung der eigenen Würde ist der entscheidende Schritt in die Freiheit, ein Akt der Emanzipation, nicht als Frau oder als Mann, sondern als Mensch.« (Gerald Hüther[49])

Viele von uns Frauen empfinden das Sprechverbot als demütigend, entwürdigend und als weitere Verwundung. Aber wir lassen uns nicht mehr würdelos behandeln. Das wichtigste Argument der Frauen für die Teilhabe an jedem Weiheamt und an jeder Rolle in der Kirche ist das Argument gleicher Würde und gleicher Rechte für Mann und Frau. Ja, das ist zunächst kein theologisches Argument, sondern ein Menschenrechtsargument.

Ein theologisches Argument wird daraus, wenn wir Katholik*innen unsere Überzeugung, dass wir als Frauen die gleiche Würde und die gleichen Rechte haben wie Männer, aus der Gottesebenbildlichkeit beziehen und dazu den Galaterbrief zitieren: »Es gibt nicht mehr Juden und Griechen, nicht Sklaven und Freie, nicht Mann und Frau, denn ihr alle seid ›einer‹ in Christus Jesus« (Gal 3,28).

Das Argument, das u. a. Bischof Stefan Oster von Passau vertritt – Jesus sei eben als Mann geboren, und da der Priester »in persona Christi« wirke, könne nur ein Mann Priester sein –,[50] ist in meiner Wahrnehmung absurd und achtet die Frau gering. Nach dieser Logik könnten nur galiläische Juden Priester werden, weil Jesus nur solche zu Aposteln berufen hat. Dieses Ausschlusskriterium gilt nicht, also wieso sollte es beim Geschlecht so sein?

Im Zusammenhang mit dem Missbrauchsskandal hat Ottmar Fuchs erinnert an das Jesuswort »Was ihr für einen meiner geringsten Brüder getan habt, das habt ihr mir getan« bzw. »nicht getan«. Der Missbrauch macht nicht nur die Missbrauchten zum Opfer, sondern auch Jesus, der sich mit ihnen identifiziert. Für Fuchs ist klar, dass Jesus »nach Mt 25,35 ff. selbstverständlich nicht nur ›in persona‹ gegenwärtig (ist) in den *männlichen* Kranken, Nackten, Obdachlosen, Fremden, Unterdrückten und kaputten Menschen, sondern genauso auch in den weiblichen.«[51] Und man darf ergänzen: Auch in den missbrauchten Kindern und Ordensfrauen ist Jesus Christus »in persona« gegenwärtig. In unserem Zusammenhang heißt das aber doch: Jesus identifiziert sich mit einer Frau ebenso wie mit einem Mann, lässt sich ebenso von einer Frau »darstellen« wie von einem Mann. Warum nicht bei der Weihe?

Dass die Berufung zum Priestertum grundsätzlich keine Frage des Geschlechtes ist, steht fest. Es gibt Frauen, die von sich sagen, dass sie sich berufen fühlen. Der Galaterbrief gibt ihnen Recht: »Ihr seid alle durch den Glauben Söhne (und Töchter) Gottes in Christus Jesus. Denn ihr alle, die ihr auf Christus getauft seid, habt Christus (als Gewand) angelegt« (Gal 3,26 f.). »Wenn ihr aber zu Christus gehört, dann seid ihr Abrahams Nachkommen, Erben kraft der Verheißung« (Gal 3,29).

Jacqueline Straub, die öffentlich dafür kämpft, als verheiratete Frau katholische Priesterin werden zu können, schreibt:

»Es gibt keinen triftigen Grund, warum Frauen nicht zu Priesterinnen geweiht werden dürfen. Priester handeln ›in persona Christi‹, an Christi statt. Christus ist Mensch geworden, ›homo factus est‹, wie es im Glaubensbekenntnis heißt. In der Bibel lesen wir: ›Gott erschuf den Menschen als sein Bild, als Bild Gottes erschuf er ihn. Männlich und weiblich erschuf er sie‹ (Genesis 1,27). Wenn Mann und Frau gleichermaßen Ebenbild Gottes sind, können Mann und Frau (und auch die, die ›männlich und weiblich‹ sind) den menschgewordenen Gott repräsentieren. Die Kirche aber tut so, als stünde da ›vir factus est‹, er sei ›Mann geworden‹ und nur ein Mann könne ihn darstellen. Dafür gibt es kein anderes Argument, als dass es in der patriarchal strukturierten Kirche immer so gehandhabt wurde. Ich finde, nach 2000 Jahren ist es höchste Zeit, einen Fehler zuzugeben und zu korrigieren.«[52]

Wirkt Gott heute in dieser Welt? Ich sage: Ja! Handelt er nur nach den Spielregeln, die die Männerkirche aufgestellt hat? Dann wäre er verfügbar.

Dann wäre er nicht Gott. Ich bin überzeugt: Gott bevorzugt kein Geschlecht.

Vom Aufstehen, Gehen und Beten

Frauen in der Schweiz

Wenn Maria-2.0-Frauen unterwegs sind und ordinierte Männer der Kirche ihnen begegnen, heißt es bei vielen Treffen, dass wir nur eine kleine Gruppe von Frauen in der großen Weltkirche seien und anderswo in der Welt unser Ansinnen nicht geteilt werde.

Dieses Argument begreifen wir als Taktik der Schwächung. Wir treten ihm entgegen, indem wir uns vernetzen. Ich habe dazu einen virtuellen Besuch in der Schweiz gemacht und über Mails mit aktiven katholischen Frauen dort auch von weltweiten Bewegungen erfahren. Im Folgenden stelle ich einige Aktivitäten Schweizer Frauen vor.

Bei der Beschäftigung damit ist mir etwas aufgefallen. Ob meine Wahrnehmung täuscht, die sich mir im nördlicheren Deutschland bietet, dass es in der Schweiz überaus viele kritische Frauen gibt? Wenn es so wäre, stellt sich mir die Frage, ob es der Tatsache geschuldet ist, dass dort das Frauenstimmrecht verhältnismäßig jung ist und die aktuellen Frauengenerationen noch mit einer politischen Geschlechterungerechtigkeit gelebt haben. Erst seit 1990 haben die Frauen in allen Kantonen Stimmrecht. Und da es der männliche Teil der Bevölkerung war, der zur Gleichberechtigung der

Frauen Ja sagte, gibt es – so nehme ich es wahr – die Erfahrung, dass es möglich ist, wort- und gesetzführende Männer zu überzeugen. Ob diese Gedanken zu blauäugig sind? Oder ob wir alle davon lernen können?

KIRCHE MIT* DEN FRAUEN

Ende 2013 zündet bei Hildegard Aepli, Pastoralassistentin und Mitarbeiterin im Pastoralamt St. Gallen, eine Blitzidee, die sie zunächst mit ihrem Pastoralteam und dann mit ihrem Bischof Markus Büchel bespricht. Der Gedanke: »Wäre nicht jetzt, bei diesem Papst, der richtige Zeitpunkt, wo man für eine Kirche mit den Frauen nach Rom pilgern müsste?«

Bis auf das Bistum Lugano unterstützen alle Schweizer Diözesen dieses Projekt, das dann bewusst in das von Papst Franziskus ausgerufene »Heilige Jahr der Barmherzigkeit« 2016 gelegt wird. Im Unterschied zur späteren Maria-2.0-Bewegung in Deutschland (2019) wirken die Gedanken dieser Bewegung weniger radikal. Sie verzichtet auf ausformulierte Einzelforderungen, wobei das Filmdokument »Habemus feminas«[53] auch Stimmen eingefangen hat, die sich für die Öffnung der Weiheämter aussprechen. Urban Fink-Wagner, Mitglied des Kernteams, berichtet:

»Dem Kernteam beim Projekt ›Für eine Kirche mit* den Frauen‹ ging und geht es darum, einen Weg zu mehr Partizipation und Gleichberechtigung von Frauen in der Kirche zu gehen, der alle einbezieht und wo für alle die Möglichkeit gegeben ist mitzumachen. Eine Grundvoraussetzung dafür ist der Verzicht auf konkrete Forderungen, weil mit der vielleicht vorschnellen Konkretisierung von Anliegen ebenso vorschnell Fronten geschaffen würden, die einen gemeinsamen Weg erschweren oder verunmöglichen.«[54]

Am 2. Mai 2016 machen sich acht Frauen und ein Mann von St. Gallen zu einer Pilgerreise nach Rom auf. Mitgeher*innen können sich anschließen. So sind mal 38 Personen, mal 90 unterwegs, insgesamt über tausend. Der Weg führt über Chur, Crema, Lucca, Siena, Assisi, Greccio bis nach Rom. Dort wollen die Pilger*innen »für das gemeinsame Anliegen einstehen«, heißt es. Welch gute Wortwahl: Auf-stehen, Gehen, Ein-stehen. – Für etwas einstehen!

In Rom soll dem Papst ein Schreiben übergeben werden, in dem die Grundhaltungen der Pilger*innen formuliert sind. Sie können den Papst nicht treffen. »Der Weg zu ihm ist nun mal nicht einfach«, resümiert Eva-Maria Faber. »Die Nähe, die

Papst Franziskus auf Bildschirmen ausstrahlt, lässt dies zu leicht übersehen. Doch daran hing das Projekt nicht. Wir wollten ein Zeichen setzen und wir haben es gesetzt – und dieses Zeichen wird auch bei Papst Franziskus ankommen.«[55] Auf der Schlussetappe durch Rom sind mehrere hundert Pilger dabei, die durch Plakate und Banner ihre Anliegen sichtbar mittragen. Im Petersdom feiern sie am 2. Juli einen eindrücklichen Gottesdienst. Über einen Ordensbruder erreicht ihr Brief den Papst. Dieser antwortet dem Überbringer: »Sagen Sie den Frauen, ich werde den Brief aufmerksam lesen.« Nehmen wir an, er hat es getan! Das Wort »aufmerksam« lässt hoffen. U. a. steht in diesem Brief:

> »Wir wollen ein Zeichen setzen. Mit diesem Zeichen wollen wir den Wunsch (unseren Wunsch und den vieler Menschen) zum Ausdruck bringen, dass Männer der Kirche in Zukunft nicht mehr ohne Frauen über deren Stellung, Rolle und Funktion einerseits und über die Belange der Kirche im Allgemeinen andererseits nachdenken und entscheiden.«[56]

Vielleicht wird eines Tages ja doch noch eine Antwort des Papstes kommen. Aber so oder so ist Esther Rüthemann, Seelsorgerin in Rapperswil, die den Weg von St. Gallen nach Rom mitgelaufen ist, überzeugt: »Der Stein, den wir und auch andere ins Rollen gebracht haben, der rollt, unaufhaltsam.«[57]

»Kirche mit* den Frauen« berichtet inzwischen von einem Ableger in den USA. Geplant ist eine Plattform auf ihrer Homepage für Erfahrungen.[58] Dahinter steht die Idee, ähnlich ihrem Pilgerblog ein »Gefäß« zur Verfügung zu stellen, wo Ermutigung und Klage (aber keine Polemik) Platz finden.

GLEICHBERECHTIGUNG.PUNKT.AMEN.

Eindrücklich, weil schon durch das Signet auffallend, zeigt sich diese Bewegung. Einen pinken Punkt ziert umlaufend am Rand – zur Mitte hin zu lesen – die Schrift: *Gleichberechtigung.Punkt.Amen.* Damit punkten die Schweizerinnen. So einfach ist es? Ja, so einfach ist es! Alle Forderungen passen auf einen Punkt und bündeln sich in einem Wort, nämlich dem der Gleichberechtigung. Punkt. Amen. Ich solidarisiere mich umgehend mit dieser Bewegung, drucke das Signet aus[59] und klebe es sichtbar an mein Auto. Hinter der Initiative steht der Schweizerische Katholische Frauenbund (SKF), der auch den Kirchenstreik von Maria 2.0 unterstützt hat.

Wie in Deutschland werden auch in der Schweiz Frauen schlechter bezahlt, sie sind schlechter abge-

sichert als Männer und dementsprechend die Ver-
liererinnen im Rentenalter. Als deswegen am
14. Juni 2019 Frauen in der Schweiz für ihre Rechte auf die Straße gehen, schließt sich die Bewegung
des Pinken Punktes an. Ein kraftvolles Pink wird
zur Farbe der gesamten Demonstration, von den
Frauen als Schals um den Hals getragen. Im Signet
der gesellschaftspolitischen Bewegung ist eine er-
hobene geschlossene Faust zu erkennen.[60] So klas-
senkämpferisch sind die katholischen Kirchen-
frauen nicht, obwohl sie vielleicht noch mehr
Grund dazu hätten. Der 14. Juni 2019 bringt Frau-
en ganz unterschiedlicher Haltungen gemeinsam
auf die Straße – für Rechte in der Zivilgesellschaft
und in ihren jeweiligen Kirchen.

»Denn der Frauenstreik ist für zahlreiche Frau-
en zugleich ein Kirchenstreik, initiiert von feministischen Theologinnen, der Zeitschrift ›Fama‹
und evangelischen und katholischen Frauenver-
bänden. Die Kirche würde nicht funktionieren
ohne die Frauen. Doch in Leitungsgremien sind
sie untervertreten, auch bei den Reformierten.
In der katholischen haben sie zudem keinen Zugang zu den Weiheämtern.«[61]

Es sind für mich auch die Symbole der pinken Stiefel (Aussage: *Ohne Stiefel drohen wir im Morast der*

Kirche zu versinken!) und der pinken Mitren (Aussage: *Wir können auch Bischof!*), die öffentlichkeitswirksam daherkommen. Von einigen Frauen und Männern höre ich, dass mit diesen Symbolen der Ernsthaftigkeit der Forderungen die Schärfe genommen werde. Das mag sein. Doch dass sich Frauen und Männer auf diese »spielerische« Weise Sicht und Gehör verschaffen und die Anliegen zum Thema werden lassen, ist ein großer Erfolg für »Kirche mit* den Frauen« in der Schweiz und in der Welt.

Nach dem Frauen*KirchenStreik geht es weiter. Der SKF, der mit seinem Netzwerk von mehr als 130.000 Mitgliedern die Schweiz überzieht, hat einen Aufruf verbreitet, dem sich eigentlich kein vernünftiger Mensch verweigern kann:

»Wir appellieren an alle Mitglieder und alle, die unserer Kirche ein Gesicht geben, sich nach ihren Möglichkeiten für eine grundlegende Erneuerung einzusetzen, damit die Katholische Kirche eine neue Glaubwürdigkeit erlangt:

An alle Getauften: Übernehmt Verantwortung! Wir alle sind Kirche. Männer und Frauen sind gleichermassen Abbild Gottes, gleichermassen von Gott geliebt und dazu berufen, sich an einer lebendigen Kirche zu beteiligen. Bringt euch für

Gerechtigkeit in Kirche und Gesellschaft ein! Setzt eure Talente für die Schöpfung und für ein gutes Leben für alle ein.«[62]

GEBET AM DONNERSTAG

Eine besondere Initiative haben Ordensfrauen aus dem Schweizer Kloster Fahr gestartet, dem Heimatkloster der 2011 verstorbenen Dichterin Silja Walter. Das Haus der Benediktinerinnen bildet seit 1130 ein Doppelkloster mit Einsiedeln, dessen Abt zugleich Abt von Fahr ist. Seit 2003 ist Sr. Irene Gassmann OSB die Priorin von Fahr. Sie hat das »Gebet am Donnerstag« initiiert. Damit weben die Schwestern ein Gebetsnetz rund um die Welt, an dem sich immer mehr Menschen beteiligen. Begonnen hat es am 14. Februar 2019, dem Gedenktag der leiblichen Schwester Benedikts, der heiligen Scholastika.

Das Gebet »Schritt für Schritt«[63] wird wie folgt eröffnet:

»Gott, du unser Vater und unsere Mutter, wir alle wissen, wie es um unsere Kirche steht. Unrecht geschah und geschieht, Macht wurde und wird missbraucht. ›Bei euch aber soll es nicht so sein‹, sagt Jesus.
Wir bitten dich um dein Erbarmen.«

Nach einem »Kyrie eleison« geht es weiter:

> »Frauen und Männer sind durch die eine Taufe gleich- und vollwertige Mitglieder der Kirche. Im Miteinander in allen Diensten und Ämtern können sie zu einer Kirche beitragen, die erneuert in die Zukunft geht.
> Wir bitten dich um Kraft und Zuversicht.«

Diese zweite der Bitten zitiere ich, weil Frauen immer wieder auf ihre Taufberufung hingewiesen werden, wobei diese eigentlich richtige und wichtige Aussage im Rahmen der Diskussion um Geschlechtergerechtigkeit stets von einem unausgesprochenen, altväterlichen »Bescheidet euch also! Mehr ist für euch Frauen nicht drin« begleitet wird. Die Gründerinnen der Gebetsinitiative dagegen zeigen an, dass sie der Taufberufung erheblich mehr Weite zutrauen und zusprechen, als sie sonst anklingt. Durch die Taufberufung ist eine grundsätzliche Berufung zu jedem Amt in der Kirche möglich, auch zu den Weiheämtern. Dafür hatten sich schon 2018 die Generaloberinnen von 34 Frauenorden aus Österreich, Deutschland, der Schweiz und Luxemburg ausgesprochen.

Dass hier eine Gebetsinitiative auf das »Wachsen eines kraftvollen Gebetsnetzes« vertraut, setzt ein Zeichen dafür, dass wir in unserer Kirche an die Kraft des Gebetes glauben.

> »Dieses (Gebetsnetz) soll denen, die daran teilnehmen, in dieser Zeit der Veränderung Mut und Zuversicht schenken, eine weitere Woche den Weg in und mit der Kirche zu gehen. – Schritt für Schritt und in Verbindung mit allen Frauen und Männern, die es sprechen und in steter Rückbindung an den Ursprung und die spirituellen Quellen.«[64]

Ist es nicht traurig, dass man beten muss um den Mut, eine weitere Woche in der Kirche zu bleiben? Doch es scheint so zu sein. Offensichtlich hat die Gebetsinitiative der Schweizer Benediktinerinnen einen Nerv getroffen, denn auch in Deutschland haben sich Ordensfrauen angeschlossen, etwa im südoldenburgischen Dinklage:

> »Jeden Donnerstag bringen wir im Rahmen unserer Vesper (ein gesungener Wortgottesdienst) um 18.00 h aktuelle *Leid-Themen der Kirche* ins Wort und vor Gott. Wir solidarisieren uns so mit den Frauen und Männern, die weltweit ihre Stimme erheben gegen Missbrauch und mangelnde Akzeptanz der Frauenrechte und Frauenwürde in der Kirche.«[65]

Inzwischen nehmen sogar einige Gemeinden an der Initiative des Donnerstagsgebetes teil. Aber wozu beten? Sollten wir nicht eher handeln? Können wir – die wir meistens keine Ordensleute sind – das Miteinander von *ora et labora / bete und arbeite* leben? Über die »verändernde Kraft« des Gebetes haben schon viele geschrieben. Wenn man dem Gebet und anderen Weisen, sich bewusst vor Gott einzufinden, nichts abgewinnen kann, ist es vermutlich ein schwieriges Unterfangen, sich auf eine Gebetsinitiative einzulassen. Aber warum es nicht mal probieren? Besuchen Sie ein Kloster und nehmen Sie am Stundengebet teil. Lassen sie sich darauf ein. Vor kurzem habe ich eine junge Frau kennengelernt, die für eine Woche in ein Benediktinerinnenkloster gekommen ist und die Gebete kennenlernen und eintauchen wollte. Sie fand diese Erfahrung besonders. Die Möglichkeit gibt es für jede*n. Beten verändert die Welt, auch deshalb, weil es die Betenden verändert. Auf der Seite der Schwestern von Dinklage lese ich:

»Fürbitte ist der spirituelle Widerstand gegen das, was ist, im Namen dessen, was Gott verheißen hat. Das Gebet lässt die Luft einer kommenden Zeit in die erstickende Atmosphäre der Gegenwart hereinwehen.« (Walter Wink)

Keine Quotenheilige

Teresa und die Söhne Adams

Wenn wir Frauen, liebe Leser*innen, Geschlechtergerechtigkeit einfordern, gibt es vor allem von Seiten der Bischöfe häufig Hinweise auf große Frauen der Kirchengeschichte, die offiziell zur Ehre der Altäre erhoben wurden und von denen einige sogar den Titel Kirchenlehrerin tragen, darunter Teresa von Ávila. Solche Hinweise haben mich neugierig gemacht und ich habe eine Biografie der großen Ordensfrau gelesen.

Ja, tatsächlich, diese geistliche Vorfahrin kann ich als Vorbild, als kritische und äußerst starke und wortgewandte Glaubensschwester würdigen. Sie hat der Sache der Frauen schon im 16. Jahrhundert große Dienste erwiesen. Ich vermute aber, dass die Männer, die von ihr sprechen, nur Kurzfassungen ihrer Biografie aus den Heiligenlegenden kennen, denn hätten sie auch das gelesen, was ich gelesen habe, dürfte es ihnen nicht gefallen haben. Die große heilige Teresa, wie sie zu Recht genannt wird, lebte ihr Leben, wo immer sie konnte, eigenwillig und selbstbestimmt. Auseinandersetzungen mit Bischöfen, Ordensmännern, Priestern und anderen Frauen – vorwiegend mit Ordensschwestern – bestimmten ihr Leben. Sie geriet zwischen die Fronten der damaligen Kleriker und wandte sich mit viel Erfolg immer wieder an den Papst.

Zu Teresas Lebzeiten waren Frauenklöster häufig Orte, in denen Frauen zwar ehelos lebten, aber nicht ohne Prunk. Sie waren in der Regel abhängig von den geldgebenden Sippen und damit auch von den Männern ihrer Sippen, auch von Priestern und Bischöfen. Teresa wollte sowohl die Abhängigkeiten als auch den Prunk in den Klöstern abschaffen und hat es getan.

Aber lesen Sie selbst eine Biografie von ihr, es lohnt sich. Und lesen Sie hier einen ihrer Texte, der so zeitgemäß daherkommt, dass ich ihn jedem, der Geduld von den Frauen verlangt, entgegenhalten möchte. Frauen fordern, wie sich an Teresa sehen lässt, schon seit Jahrhunderten Gehör und Veränderung. Teresa wendet sich mit ihrer Klage direkt an Gott:

»Reicht es denn nicht, Herr, dass die Welt uns einpfercht und für unfähig hält, in der Öffentlichkeit auch nur irgend etwas für dich zu tun, was etwas wert wäre, oder es nur zu wagen, ein paar Wahrheiten auszusprechen, über die wir im Verborgenen weinen …? Das glaube ich nicht, Herr, bei deiner Güte und Gerechtigkeit, denn du bist ein gerechter Richter und nicht wie die Richter dieser Welt, für die, da sie Söhne

Adams und schließlich lauter Männer sind, es keine Tugend einer Frau gibt, die sie nicht für verdächtig halten.«[66]

Teresa von Ávila war »eine Frau, die vor 500 Jahren mit so ziemlich allen Konventionen brach, um zum Ziel und zum Sinn ihres Lebens vorzustoßen« (Matthias Drobinski).[67] Ich reihe Teresa sehr selbstverständlich in unsere Frauenriege ein, die laut auftritt: »Es reicht jetzt!«

Mit Sr. Irene Gassmann aus dem Kloster Fahr in der Schweiz bekenne ich: »Das Amt macht Männer mächtig und Frauen abhängig«, denn: »Die Kirche kann nur gesunden und erstarken, wenn Frauen und Männer gleichberechtigt miteinander in die Zukunft gehen.«[68] Und mit Sr. Philippa Rath OSB vom Kloster der heiligen Hildegard bin ich »überzeugt, dass die Frauenfrage schon sehr bald eine Frage von Sein und Nichtsein für unsere Kirche werden wird«.[69]

Vom Bleiben und Wandeln
Frauen in Österreich

»Es reicht jetzt«, sagten die österreichischen Ka-
tholiken bereits 1995, und 505.154 forderten mit
ihrer Unterschrift beim »Kirchenvolksbegehren«
den Aufbau einer geschwisterlichen Kirche, volle
Gleichberechtigung der Frauen – wobei Diakonat
und Priesterweihe der Frauen explizit genannt
wurden –, freie Wahl zwischen zölibatärer und
nicht-zölibatärer Lebensform (weil das Recht der
Gemeinden auf Eucharistie höher steht als die Er-
füllung einer kirchenrechtlichen Vorschrift), eine
positive Bewertung der Sexualität als wichtigem
Teil des von Gott geschaffenen und bejahten Menschen und Frohbotschaft statt Drohbotschaft.[70]
Wie wenig davon sich in 25 Jahren positiv verändert hat, wissen wir alle.

BLEIBEN.ERHEBEN.WANDELN

Nun macht seit 2019 in Österreich die Basisbewegung »bleiben.erheben.wandeln« von sich reden.
Zu ihren Visionen für die Zukunft der katholischen Kirche zählt unter anderem:

»Wandel ist Tradition der Kirche. Kirche ist auf
Grund einer theologisch fundierten Anthropo-

logie der Gleichheit / Ebenbildlichkeit Gottes Vorreiterin in der Welt für die Gleichstellung der Geschlechter. Kirche nimmt ihren biblischen Auftrag wahr, in der gemeinsamen Geschichte von Frauen und Männern das Reich Gottes anbrechen zu lassen. …

Die Vielfalt an Berufungen innerhalb des kirchlichen Lebens wird anerkannt und kirchlich bestätigt. Weiheämter werden von Frauen und Männern als Dienst am Heil der Menschen und an der Gemeinschaft ausgeübt. Eine zölibatäre Lebensform ist dazu nicht zwingend erforderlich.«[71]

Die Bewegung »bleiben.erheben.wandeln« stellte – beginnend Ostern 2019 – 50 Tage lang, also bis Pfingsten, jeden Tag einen Blogeintrag ins Netz, den eine katholische Frau verfasst hatte, vorwiegend Theologinnen. Jede schrieb zu einem anderen Thema. Vom Widerstand, von der Geschlechtergerechtigkeit oder, wie im folgenden Beispiel, vom Grund für das Bleiben in der Kirche. Auch uns wird immer wieder die Frage gestellt, warum wir bleiben. Einen Auszug aus der Antwort von MMag.a Dr.in Magdalena M. Holztrattner MA (Tag 47) möchte ich hier gern teilen:

»Ich bleibe – trotz allem – in dieser Kirche. Mit Gottes lebensfördernder Nähe, mit der Unterstützung seiner/ihrer Geistkraft – der Trotz-Macht des Geistes. Und in Begleitung vieler Frauen und Männer, die – trotz allem – auch bleiben. Die sich erheben. Die den Wandel gestalten. Ich versuche, den Wandel mitzugestalten hin zu einer demokratischen, solidarischen, gerechten, geschwisterlichen und ehrlichen Kirche. Ich versuche, stehen zu bleiben – prophetisch anklagend, auch verletzt und gedemütigt. Ich bleibe in dieser Kirche – als Frau, als Gottes geliebte Tochter.«[72]

Die Bewegung hat sich das Bleiben zum ersten ihrer Anliegen gemacht. Es geht nicht darum, die Kirche zu verlassen und sie weiter zu schwächen, sondern zu bleiben und zu ihrer Gesundung beizutragen. Warum? »Wir Frauen von bleiben.erheben.wandeln sind in der katholischen Kirche stark verwurzelt und erleben sie als Teil unserer Identität.«[73] Zur Gesundung gehört, Männer und Frauen in allen Belangen der Kirche gleichzustellen.

bleiben.erheben.wandeln organisiert sich basisorientiert und wird vom Frauenreferat der Diözese Innsbruck unterstützt. Einen Masterplan mit Terminvorgaben für die Umsetzung der Visionen kann es naturgemäß nicht geben. Wichtig finden die Frauen vor allem, anzufangen – und zwar durch »Vernetzung, Gemeinschaft bilden, kritische Auseinandersetzung, Aktionen setzen, zur Sprache bringen, etc.«[74] Ein neues Buch vom Januar 2020 stellt die Initiative näher vor.[75]

EINMISCHEN.MITMISCHEN.AUFMISCHEN

Von den Verbänden der katholischen Kirche in Österreich nenne ich hier die kfbö – die katholische Frauenbewegung Österreichs –, die mit ihrem Jahresthema 2019/2020 zum Einmischen, Mitmischen und Aufmischen eingeladen hat.

Die kfbö führte 2019 z. B. eine Veranstaltung durch zum Thema »Gender-Ideologie versus Genderforschung«, bei der klar wurde, dass auch das christliche Menschenbild von den Fortschritten der Humanwissenschaften profitieren kann und muss:

»Die Katholische Frauenbewegung Österreichs fordert einen seriösen Umgang mit dem Thema Gender und den damit verbundenen wissenschaftlichen Forschungsergebnissen sowie eine Aktualisierung der christlichen Anthropologie.«[76]

Im Juli 2019 war die kfbö Gastgeberin einer sogenannten Weltkirche-Tagung zu den Themen der Amazonas-Synode vom Herbst des Jahres. Dabei wurde einmal mehr die Dringlichkeit deutlich, Frauen nicht länger den Zugang zu Weiheämtern zu versperren:

> »P. Franz Weber verwies in seinem Beitrag darauf, dass ca. 2/3 der Kirchengemeinden im Amazonasgebiet von Frauen bzw. Frauengruppen geleitet werden. Die sonntägliche Eucharistiefeier erleben viele Menschen in der Region nur einmal im Jahr. … ›Der Ausschluss von Frauen von den Weiheämtern stellt eine tiefe Wunde am Leib Christi dar‹, so P. Franz Weber.«[77]

Manche lehnen die Forderung nach Geschlechtergerechtigkeit ab mit dem Argument, die Kirche dürfe sich nicht dem Zeitgeist ergeben. Dazu erinnert das Frauenreferat der Diözese Innsbruck, das die Zeitschrift »FrauenStärken«[78] für die Frauen des Bistums herausgibt, an eine Erklärung, die die Pastoralkommission Österreichs in ihrem Schreiben »Frau – Partnerin in der Kirche« schon 1986 formuliert hat:

»Gleichberechtigung und Partnerschaft sind nicht Forderungen einer Modeströmung und noch weniger Zugeständnisse an den Zeitgeist, sie sind Früchte der Erlösung und Inhalt des Evangeliums. Ihre Verwirklichung ist für Frauen und Männer, für Gesellschaft und Kirche eine große Bereicherung und eine Hilfe für Gerechtigkeit und Frieden.«[79]

Er legte ihr die Hände auf

Jesus und die Töchter Abrahams

Das Lukasevangelium (13,10–17) überliefert folgende Begebenheit:

»Am Sabbat lehrte Jesus in einer Synagoge. Und siehe, da war eine Frau, die seit achtzehn Jahren krank war, weil sie von einem Geist geplagt wurde; sie war ganz verkrümmt und konnte nicht mehr aufrecht gehen. Als Jesus sie sah, rief er sie zu sich und sagte: Frau, du bist von deinem Leiden erlöst. Und er legte ihr die Hände auf. Im gleichen Augenblick richtete sie sich auf und pries Gott. Der Synagogenvorsteher aber war empört darüber, dass Jesus am Sabbat heilte, und sagte zu den Leuten: Sechs Tage sind zum Arbeiten da. Kommt also an diesen Tagen und lasst euch heilen, nicht am Sabbat! Der Herr erwiderte ihm: Ihr Heuchler! Bindet nicht jeder von euch am Sabbat seinen Ochsen oder Esel von der Krippe los und führt ihn zur Tränke? Diese Frau aber, die eine Tochter Abrahams ist und die der Satan schon seit achtzehn Jahren gefesselt hielt, sollte am Sabbat nicht davon befreit werden dürfen? Durch diese Worte wurden alle seine Gegner beschämt; das ganze Volk aber freute sich über all die großen Taten, die er vollbrachte.«

In der Regel geht es bei der Auslegung dieses Evangeliums um die Bedeutung des Sabbats. Dem 2012 verstorbenen amerikanischen Exegeten Walter Wink ist noch etwas anderes aufgefallen:

»Die gekrümmte Frau, die Jesus am Sabbat in der Synagoge heilt, nennt Jesus eine ›Tochter Abrahams‹, ein Ausdruck, den ich nirgends in der antiken jüdischen Literatur habe finden können. Frauen wurden durch ihre Männer erlöst; diese Frau eine ›Tochter Abrahams‹ zu nennen, bedeutet, sie vor Gott dem Mann als vollwertiges Mitglied des Bundes gleichzusetzen.«[80]

Die feministische Bibelwissenschaft hat dazu geführt, genauer hinzuschauen, wie ungewöhnlich Jesus für seine Zeit mit Frauen umgegangen ist. Gegen das Gesetz berührt er Frauen. Im eben genannten Evangelium stellt er die Frau in die Mitte der Synagoge und »widerspricht (er) dem männlichen Monopolanspruch auf die Gnadenmittel und den Zugang zu Gott«.[81]

Manchmal, wenn von Positionen und Haltungen erzählt wird, möchte ich sie nachspüren und am eigenen Leib erfahren. Ich nehme diese Haltung dann physisch selbst ein. Jede*r, die/der eine gebückte Haltung einnimmt, wird spüren, was es bedeutet, gekrümmt zu sein. Wohin geht der Blick? Was bedeutet es für die Raumwahrnehmungen? Gibt es ein Oben oder nur ein Über? Gibt es ein Unten oder nur ein Unter? Wie nehme ich die Menschen um mich herum wahr? Was von ihnen sehe ich? Welcher Blick ist mir verwehrt und welche Wahrnehmung ebenso? Welche Aktion kann ich niemals ausführen und welche Reaktion ebenso wenig? – Diese gebückte Haltung ist die Haltung der Untergebenen, die Haltung der Sklaven. Es ist die Haltung derer, denen Augenhöhe verweigert wird.

Und gehen Sie einmal hinter jemandem her, der gebückt vor Ihnen herläuft. Es dürfte Sie beschämen, dass der fehlende aufrechte Gang Sie(!) demütigt, weil Ihnen kein Mensch mit erhobenem Haupt vorangeht, sondern weil Ihnen jemand das Hinterteil entgegenhält. Das ist aber auch beschämend für die gebeugte Person selbst. Es bedarf nur eines kleinen Schubses, und schon verlieren Gekrümmte ihr Gleichgewicht. Sie stehen nicht sicher, weil die Schwerkraft nicht mehr mittig ist. Sie sind ausgeliefert.

Es geht in dieser Lehrgeschichte auch um Leiblichkeit. Es geht auch um das, was wir mit unserem

Leib aussagen und aufnehmen können, was wir mit unserem Leib ausdrücken und was wir empfangen können. Jesus richtet die Frau in dieser Geschichte auf. Er ruft sie zu sich, weg vom Rand, wo die Frauen sind, zu ihm in die Mitte der Synagoge, und richtet sie auf. Ein Skandal! Nur damals?

Dass diese Geschichte tatsächlich ein großartiges Beispiel von Jesu Handeln an einer Frau ist, ist nicht zu leugnen. Dass Jesus diese Frau aufrichtet und sie in voller gottgewollter Größe vor ihm stehen darf und ebenso vor allen Männern, die anwesend sind, das ist im Wortsinn er-hebend. Er erhebt die Frau auf Augenhöhe. Er erhebt sie noch dazu mitten im Bethaus und also in einem männlichen Religionsraum. Ja, das ist »Weltgeschichte«:

»Dies bedeutet mehr als nur Heilung, hier bricht eine völlig neue Weltordnung an. Vor aller Augen entfaltet sich hier die ehrfurchtgebietende Macht Gottes. Von einigen wird sie erkannt (›das ganze Volk aber freute sich‹); andere sehen darin nur die Bedrohung von allem, was ihnen lieb und teuer ist.« (Walter Wink[82])

Diese Lehrgeschichte aus der Bibel richtet mich auf, seit ich sie kenne. Daher habe ich sie hier ausgewählt.

Ich darf annehmen, dass Jesu Verhalten den Menschen gegenüber beispielhaft ist, dass er nicht nur diese eine Frau erhoben hat, aufgerichtet hat, sondern jede Frau, *die* Frau. Und ich darf annehmen, dass diese Aufrichtung jedem Menschen gilt, der gebückt, niedergedrückt oder gekrümmt sein Leben verbringt, unabhängig vom Geschlecht.

Ich stelle mich aufrecht hin. Ich spüre nach, was die Aufrichtung mit mir macht. Aufgerichtet stehe ich sicher. Ich atme tiefer und freier. Ich atme die Luft auf der gleichen Ebene wie die Menschen um mich herum. Mein Haupt trage ich oben und kann selbst entscheiden, wohin ich schaue, sehe mein Gegenüber von Angesicht zu Angesicht. Ich zeige dem, der mir folgt, wie ich voranschreiten kann. Ich zeige ihm meine menschlich aufgerichtete stolze Gestalt. Ich kann als Mitgeher*in Schritt halten. Ich bin groß und fühle mich groß. Ich kann tanzen. Ich kann auch, wenn ich will, laufen oder stolzieren. Ich kann singen, laut und klangvoll und wohltönend aus einer geweiteten Brust. Ich kann … Ich kann … Sie können … Wir können, liebe Schwestern … Was wir alles können …!

»Wenn dies beginnt, dann richtet euch auf und erhebt eure Häupter; denn eure Erlösung ist nahe«, heißt es im Lukasevangelium (21,28). »Richtet euch auf und erhebt euer Haupt«, lautet ein darauf zurückgehender Kehrvers im »Gotteslob« (Nr.

634,3). »Richtet euch auf und erhebt euer Haupt«, möchte ich rufen, und hinzufügen: »denn ihr seid schon erlöst.«

»Ihr seid Töchter Abrahams!«, rufe ich mit Walter Wink:

> »Durch die Befreiung dieser Frau ... entlässt Jesus sie zugleich aus dem umfassenden Geflecht des Patriarchats, der männlichen religiösen Elite und der Tabus, die geschaffen wurden, um die Vorteile der einen durch die Benachteiligung der anderen zu erhalten.«[83]

Frauen in der katholischen Kirche, steht auf! Ihr seid Töchter Abrahams.

Vom Rocktragen und Gesichtzeigen

Frauen weltweit

Comité de la jupe

In Frankreich entstand bereits 2009 ein Zusammenschluss katholischer Frauen, genannt »Comité de la jupe«.[84] Französischkenner*innen fällt sogleich das Wort *jupe* = *Rock* auf. Die Gründungsgeschichte zu kennen, lohnt sich. Also fasse ich sie hier gern kurz zusammen.

»Das Schwierigste wird sein, gebildete Frauen zu finden. Es reicht nicht, einen Rock zu tragen, man muss auch etwas in seinem Kopf haben.«[85] Mit diesen Worten nahm der Erzbischof von Paris, Kardinal André Armand Vingt-Trois, der (seit 2007) auch Vorsitzender der französischen Bischofskonferenz war, 2008 im Rundfunk zum Thema Frau in der Kirche Stellung. Wegen dieser Äußerung verklagten ihn Frauen vor dem Kirchengericht, sodass er schließlich eine Differenzierung seiner Aussagen – wiederum über den Rundfunk – versuchte. Erst nachdem er 2017 altersbedingt seinen Rücktritt eingereicht hatte, zogen die Frauen die Klage zurück. Im Sommer 2009 hatten sie aber das Comité de la jupe gegründet, um gemeinsam und stark für die Geschlechtergerechtigkeit in der katholischen Kirche aufzustehen.

Für immer erinnert der Name des Vereins an diesen verächtlichen Ausspruch eines ranghohen Kirchenhierarchen.

Nun gibt es also in Frankreich das Komitee vom Rock. Davon zu wissen, stärkt mich, und ich fühle mich augenblicklich hineingenommen in den aufständischen Frauenverein. Ich erinnere mich an eine Aktion in unserer Kirche, die wir die »Kofferaktion« nannten. Jede*r konnte in der Kirche einen Koffer abstellen mit Dingen, die ihr/ihm die Kirche in den Lebenskoffer gepackt hatte, z. B. Unverzichtbares, Schweres, Unerträgliches. Ich habe neben einer Wurzel und der Bibel ein Tischtuch und einen Rock hineingelegt. Der Rock stand für mich für die Geschlechterungerechtigkeit in der Kirche, die ich kaum mehr ertragen konnte.

Voices of Faith

»Mao zedong used to say, ›Women hold up half the sky‹. They certainly hold up more than half the Church! Why then do we see so little of them in positions of leadership?« (Myron J. Pereira S.J., Indien[86])

Dass den Frauen die Hälfte des Himmels gehört und mindestens die Hälfte der Kirche, musste offensichtlich einmal wieder als Realität verkündet werden, wie es der Jesuit M. J. Pereira tut. Seine und viele Hunderte Aussagen finden sich auf der Seite der von Voices of Faith ins Leben gerufenen digitalen Kampagne #overcomingsilence.[87]

Voices of Faith[88] besteht als global agierendes Netzwerk seit 2014. Dieses Netzwerk »ist um tatkräftiges, von Fakten und Glauben bestärktes Handeln bemüht«. Es informiert durch Artikel und Berichte, regt über Blogs zu Gesprächen an und fördert Dialog.

Das englische Wort *faith* kann übersetzt werden als Vertrauen, Glaube, Treue, Zutrauen oder auch Zuversicht. Voices of Faith bemüht sich darum, führende Vertreter des Vatikans und globaler katholischer Gemeinschaften zusammenzubringen. Die Bewegung hofft darauf, dass die Begegnung mit Fachfrauen, die Leitungspositionen innehaben, die Männer, die den Vatikan vertreten, überzeugt, dass Frauen »mehr als befähigt« sind, »auf allen Ebenen der katholischen Kirche eine Führungs- und Entscheidungsrolle zu übernehmen«. Konkretes Ziel ist es, bis zum Jahr 2030 auf globaler Ebene 30 Prozent der Führungspositionen der römisch-katholischen Kirche mit Frauen besetzt zu haben.

Voices of Faith wird von Frauen geleitet. Das Beratergremium setzt sich zurzeit zusammen aus Frauen, die u. a. Pax Christi international (USA), Maison Shalom (Burundi), Future Church (USA),

Menschenrechtsorganisationen von den Philippinen usw. vertreten oder vertreten haben; sie bringen ihr Fachwissen und Engagement mit ein. Hochschuldozentinnen und Journalistinnen sind ebenfalls dabei. Aktivistinnen sind weltweit tatkräftig unterwegs. Voices of Faith unterstützt finanziell diverse Veranstaltungen. Es bekennt sich als Netzwerk gläubiger Frauen und Männer.

Voices of Faith möchte

- an der Vision einer prophetischen katholischen Kirche festhalten, in der die Stimme der Frauen zählt, sie beteiligt werden und gleichberechtigt mit Männern Führungsrollen innehaben;
- respektvoll mit allen Menschen umgehen und sich um konstruktive Lösungen bemühen;
- innovativ und mutig vorangehen, weil die Überzeugung gilt, dass Frauen Lösungen für viele Probleme zu bieten haben, mit denen sich die Kirche im 21. Jahrhundert auseinandersetzen muss;
- unterschiedliche Frauenstimmen einbeziehen;
- bei Themen, zu denen es unterschiedliche Meinungen gibt, offen und ehrlich kommunizieren.[89]

Ordensfrauen genießen besondere Beachtung, da weltweit viele von ihnen als Theologinnen und in lehrenden und heilenden Berufen aktiv sind und auch in ihren Orden Leitungspositionen übernehmen. Wenn in Beratungsgremien der Kirche neben ordinierten Männern auch nichtordinierte Laienbrüder vertreten sind, aber Ordensschwestern nicht, ist dies nicht hinnehmbar, weil dies eine Geschlechterdiskriminierung ist. Daher müht sich Voices of Faith um Beteiligung von Ordensschwestern an Synoden, z. B. an der Amazonas-Synode.

Meines Erachtens macht es unbedingt Sinn, auf dem Weg zur Geschlechtergerechtigkeit solche kleinen, überschaubaren Schritte zu gehen, die Aussicht auf zeitnahen Erfolg haben, freilich ohne sich damit zu begnügen.

Die Organisation gibt Studien zur Geschlechtergerechtigkeit in Auftrag. 2017 hat sie eine Umfrage über junge Frauen und Kirche gestartet. Die Ergebnisse sind im Einzelnen auf der Webseite nachzulesen.[90]

Überall auf der Welt werden Netzwerke unterstützt und Veranstaltungen gefördert. Zum Beispiel hatten wir in Siegburg im September 2019 eine zweitägige Veranstaltung zum Thema »Gewalt gegen Frauen in Kirche und Orden«, die in Kooperation mit der Deutschen Ordensobernkonferenz (DOK), dem Katholischen Deutschen Frauenbund (KDFB) und der Katholischen Frauengemeinschaft Deutschlands (kfd) von der Arbeitsstelle für Frauenseelsorge der Deutschen Bischofskonferenz veranstaltet wurde.

Im Folgemonat unterstützte Voices of Faith »The next Women of the Church conference« in Indiana (USA) zum Thema »Strength of the past. Hope for tomorrow«.

Besondere Aufmerksamkeit hat Voices of Faith hierzulande erlangt durch die oben schon kurz erwähnte Kampagne #overcomingsilence. Sie ist aus den vielen Stimmen entstanden, die überall zu hören sind: »Wir dürfen nicht länger schweigen!« »Überwindet das Schweigen!« »Lassen wir das Schweigen hinter uns!« »Verschaffen Sie Ihrer Stimme Gehör!« »Es reicht jetzt. Wir schweigen nicht mehr. Wir stehen auf.« An dieser digitalen Kampagne, zunächst angelegt bis Ende 2019, haben sich viele Organisationen und Personen weltweit beteiligt.

Die Kampagne #overcomingsilence fordert dazu auf, ein Foto von sich hochzuladen und eine Botschaft an die Kirchenleitung zu hinterlegen, warum Frauen in Führungspositionen für die Zukunft der Kirche unerlässlich sind. Das ist sicher erheblich schneller zielführend als die radikalere Forderung nach der Priesterweihe für Frauen. Viele leitende Positionen innerhalb der Kirche, auch innerhalb des Vatikans, könnten und müssten für geeignete Frauen geöffnet werden.

Voices of Faith setzt sich übrigens nicht nur in der Kirche für Frauen ein:

»Immer mehr Menschen erkennen, dass der wirksamste Weg zur Bekämpfung der globalen Armut und des Extremismus derjenige ist, Frauen und Mädchen in den Mittelpunkt zu stellen. Voices of Faith ehrt den unschätzbaren Wert und die Kraft der Frauen aus aller Welt und aus allen Lebensbereichen.«[91]

Catholic Women Speak

»Women's Leadership in the Church: Increasing but Incomplete«: »Weibliche Führungskräfte in der Kirche werden mehr, aber sind nicht genug« – so etwa ließe sich das Motto von Catholic Women Speak (CWS) wiedergeben.[92] Katie Lacz formuliert:

»Es ist unaufrichtig zu behaupten, dass selbst die besten Laienfrauen in der Führung jemals die gleiche Entscheidungsgewalt haben werden wie Männer, solange ihnen der geweihte Dienst verwehrt bleibt (as long as they are barred from ordained ministry). Die talentierteste Kanzlerin in der größten Diözese wird immer noch unter der Autorität eines männlichen Bischofs stehen.«[93]

Achten Sie auf das Wort *barred,* was die Massivität der Ausgrenzung verdeutlicht. Barrieren bauen furchtsame Menschen um sich herum, um sich selbst vor Eindringlingen zu schützen und um den Außenstehenden das Hineinkommen zu erschweren. Das englische Wort *bar* bezeichnet auch einen Balken vor Gericht, hinter dem ein Angeklagter zurückbleiben muss. Auf Deutsch würde dem »in die Schranken verweisen« entsprechen, eine Einschränkung.

Katie Lacz: »Es ist eine Frage der Gerechtigkeit ... Gott beruft Frauen dazu, Priesterinnen zu sein. Die Kirche bestreitet die Gültigkeit (validity) dieser Berufungen.«[94] Sie findet, die Kirche beraube sich selbst, wenn Sakramente nicht auch von Frauen gespendet werden können. Sie beraube sich des Reichtums, den Frauen in die geweihten Dienste einbringen würden. Und: »Sie leugnet die grundlegende theologische und spirituelle Wahrheit, dass wir *alle* nach dem Ebenbild Gottes geschaffen sind.«[95]

Die Bewegung Catholic Women Speak verdeutlicht mit dem Plural im Namen, dass sie gerade die Verschiedenheit als Quelle der Kraft nutzt:

»Wir sprechen nicht mit einer Stimme und leugnen auch nicht unsere Differenzen und Meinungsverschiedenheiten. Unser Logo –

ähnlich einer Monstranz – zeigt die Vielfalt unserer Gruppe. Wir … vertreten die verschiedenen Farbtöne einer lebendigen Tradition – die sich aus einer Mischung verschiedener Kulturen, Hintergründe und Erfahrungen zusammensetzt. Wir glauben, dass unsere Vielfalt eine Stärke ist, die es zu feiern gilt, und kein Problem, das es zu überwinden gilt.«[96]

Mit Katie Lacz sage ich: »Es ist unaufrichtig, zu behaupten, dass Frauen gleichermaßen wertgeschätzt werden, wenn sie nicht in gleicher Weise repräsentiert und bevollmächtigt sind.«[97]

Oskar und die Herrschenden

Ein Exkurs

Oskar, sechs Jahre alt, fragt mich nach dem Inhalt des Buches, das ich gerade schreibe. Ich erkläre ihm, dass ich als Frau die gleichen Rechte haben möchte wie jeder Mann. Es gebe aber immer noch Männer, die meinten, Frauen könnten nicht, was sie könnten, vor allem nicht leiten.

»Ach«, sagt er, »wie in Rom«. Mich wundert, dass er gleich Rom anführt, zumal er nicht katholisch sozialisiert wird. Aber seine Mutter klärt mich auf, dass es um die Römerzeit gehe, von der sie gesprochen hätten, und sie erinnert ihn daran, dass sie von einem Volk gesprochen haben, das von Frauen regiert wurde. »Ja«, sagt er, »Ägypten. Dort gab es Pharaoninnen.« Er fügt jedoch gleich hinzu: »Aber eine Frau durfte nur dann auf den Thron, wenn der vorige Pharao keine Söhne hatte.«

Ich führe meine Informationen weiter aus: »Ich bin Mitglied der katholischen Kirche. Und in meiner Kirche behaupten Männer immer noch, dass nur Männer Priester und Bischöfe werden können. Ich schreibe davon, dass ich es richtig finde, dass Frauen Priester und Bischöfe werden können« – und ich füge nach kurzem Innehalten hinzu: »vielleicht auch mal Papst«. Ungeheuerlich, denke ich sofort, und sehe vor mir alle, die diese Idee für eine

Maßlosigkeit halten. Während ich mich über mich selbst und die eigentlich nur konsequenten Gedanken wundere (denn so deutlich habe ich noch nie ausgesprochen, dass es natürlich letztendlich auch um das Papstamt geht), scheint dem Kind dieses Ansinnen überhaupt nicht ungewöhnlich zu sein. Man bedenke: Ich spreche mit einem sechsjährigen Jungen. In ihm denkt es offensichtlich weiter. »Dann ist dein Buch aber keine Geschichte«, sagt er. Sein Vater beantwortet diese Aussage: »Du hast Recht! Maria hat sich das nicht ausgedacht. Das ist keine erfundene Geschichte.«

Wie wunderbar: Oskar schlussfolgert, dass ich nichts erfinde. Und es scheint ihm überhaupt nicht fremd, dass Frau dem Mann gleichberechtigt sein will. Wie einfach also ist unsere Forderung der Geschlechtergerechtigkeit! Ich könnte jubeln über dieses Gespräch. Ich denke an das Matthäusevangelium: »Habt ihr nie gelesen: *Aus dem Mund der Kinder und Säuglinge schaffst du dir Lob?*« (Mt 21,16). Ich denke an Jesus, der den Vater preist, weil er Unmündigen offenbart hat, was den Weisen und Klugen verborgen blieb (vgl. Mt 11,25).

Das Gespräch findet wie folgt sein Ende: »Stimmt, es ist keine erfundene Geschichte. Aber ich könnte eine erfundene Geschichte anhängen, indem ich davon träume, wie es in der Kirche aussieht, wenn Frauen mal die gleichen Rechte haben wie die Männer«, ergänze ich. Seine abschließende Frage: »Darf ich dein Buch denn dann auch lesen?« Das Interesse dieses Kindes, seine Dialogfähigkeit und seine ehrliche Lust daran, zu erfahren, was mir wichtig ist, lässt mich staunen. Dass der Junge sich zugleich schlussfolgernd selbst einbringt mit dem eigenen Wissen, dass er klar denkt und den Entschluss fasst, am Thema zu bleiben, das fasziniert mich. Ein solches Verhalten wünsche ich mir von Seiten vieler junger, alter und uralter Männer und vieler Frauen in meiner Kirche. Noch nicht durch das Hören allein wird die Kirche dialogisch. Sondern erst, wenn sie hinhört, kommuniziert, offen bleibt und bereit ist zur Veränderung.

Ich lese ein Wort des Soziologen Eugen Rosenstock-Huessy: »Respondeo etsi mutabor«, was etwa bedeutet: »Ich gehe darauf ein, auch wenn ich dadurch verändert werde.« Walter Wink, den ich hier häufiger zitiere, sagt von dieser kommunikativen Haltung: »Und in den seltenen Augenblicken der Klarheit und des Mutes hören wir vielleicht, um verändert zu werden.«[98]

Oskar hat es vorgemacht.

Von Selbstverständlichkeiten und vom Ungehorsam

Geistliche aus dem deutschen Sprachraum

Nutzen wir das Wissen darum, wie viele Reformer*innen wir in unserer Kirche sind! Dazu gehören gerade auch aufgeschlossene Geistliche. Entsprechende Organisationen aus der ganzen Welt sind z. B. im International Church Reform Network anzutreffen.[99]

Unterstützung für die Frauen in der katholischen Kirche kommt etwa von der Pfarrer-Initiative, die 2007 von römisch-katholischen Priestern und Diakonen in Deutschland gegründet wurde. Mitglied können nur Geistliche werden, aber jede*r kann sich als Unterstützer*in registrieren. Die Unterstützung von Maria 2.0 wird ausdrücklich hervorgehoben.[100] Eine eigene Initiative von Priestern und Diakonen aus dem Erzbistum Freiburg richtete im Juli 2019 eine Webseite zur Unterstützung von Maria 2.0 ein.[101]

In der Schweiz steht eine Pfarrei-Initiative für Kirchenreformen. Mehr als 500 Seelsorger und 1500 Unterstützer bekennen sich zu ihr. Schon 2012 benannte sie »Selbstverständlichkeiten« einer geschwisterlichen Kirche und kam zum Schluss: »Deshalb setzen wir uns dafür ein, dass befähigte Frauen und Männer ohne Rücksicht auf den Lebensstand zu verantwortlichen Diensten in der Kirche geweiht werden.«[102]

Die Initiative argumentiert, dass man Gott mehr gehorchen muss als Menschen (Apostelgeschichte 5,29) und deshalb wenn nötig auch ungehorsam sein muss. Ich schließe mich folgendem Bekenntnis an:

> »Wir glauben an einen lebendigen Gott,
> der auch seine Gläubigen zur Lebendigkeit ermuntert.
> Wer von einer unveränderlichen Lehre der Kirche redet, leugnet in unseren Augen die Lebendigkeit Gottes.«[103]

Auch in Österreich gibt es eine Pfarrer-Initiative.[104] Der frühere Wiener Generalvikar Helmut Schüller fordert dort, »dass das Priesteramt auch für verheiratete Männer und für Frauen geöffnet wird und gemeinsam mit den Kirchenbürgerinnen und -bürgern neue Formen von Gemeindeleitung entwickelt werden«.[105] Das entspricht dem Leitbild der Initiative:

> »Wir anerkennen das Recht der Frauen auf ebenbürtigen, vollen Zugang zu allen Weiheämtern in unserer Kirche. Denn Gott hat den Menschen in der gegenseitigen Ergänzung von

Mann und Frau als sein Bild und mit gleicher Würde geschaffen. Und Jesus Christus hat uns den ebenbürtigen Umgang der Geschlechter vorgelebt. (Leitbild § 3)«[106]

Verhinderungsargument oder Handlungsgebot?

Der Verweis auf die Weltkirche

»Bedenken Sie, wir sind Weltkirche«, heißt es regelmäßig in den Stellungnahmen ordinierter Männer zu den Forderungen der Frauen nach Geschlechtergerechtigkeit.

Im zurzeit exzessiven Gebrauch des Wortes Weltkirche finde ich – nicht einmal mehr schamhaft versteckt – das Wort »abgelehnt« mitausgesprochen. Es steckt in diesem Wort auch der Satz: »Ich kann nichts für euch tun.« Dahinter lässt sich ein »Ich will auch nichts für euch tun« problemlos verstecken. Nicht gesagt, aber mitklingend hören viele von uns: »Gott sei Dank brauche ich also auch nicht aktiv zu werden.« Ich frage an, ob da die Bischöfe den Papst nicht im Regen stehen lassen. Wie ist es mit echtem Miteinander? Und ich klage an, dass viele Bischöfe keine Anwälte für die Gläubigen ihrer Ortskirchen und deren Belange sind. Wir Frauen erwarten, dass wir mit unseren Anliegen in unseren Gemeinden, in unseren Dekanaten und in unseren Diözesen unseren Bischöfen wichtig sind.

Die Tatsache, dass wir – gottlob – eine weltweite Kirche sind, darf kein Verhinderungsargument sein. Eher bietet sie Möglichkeitsräume. Sie kann durchaus förderlich für die Ziele der Frauenbewegungen sein, gerade weil es weltweite Forderungen sind!

Weltkirche gilt als »Lern-, Gebets- und Solidargemeinschaft«.[107] Eingesetzt wird der Begriff aber vor allem als »Verhinderungswort«, als auf alle Anfragen passendes Argument, warum wichtige Änderungen von vornherein nicht möglich sein sollen. Das führt bei mir dazu, dass ich hier und jetzt beschließe, das Wort nicht mehr zu benutzen. Ich spreche fortan bewusst von unserer weltweiten Kirche. Aus der Tatsache, dass unsere Kirche weltweit lebendig ist, mache ich ein Ausrufezeichen für die weltweite Notwendigkeit der Geschlechtergerechtigkeit.

Unsere Forderungen gelten weltweit, und sie werden mit Vehemenz vorgetragen. Dass es regionale Besonderheiten und kulturelle Unterschiede auch in der weltumspannenden katholischen Kirche gibt, ist hinlänglich bekannt, und eben das macht einen Reichtum unserer Kirche aus.

Dass es vor allem Frauen sind, die gegen Unrecht und Unterdrückung auf die Straße gehen, kann man überall auf der Welt sehen, wo Autokraten (wieder) an die Macht gekommen sind und sich selbst, ihre Macht und häufig auch ihr Patriarchat feiern. Frauen sind in vielen Teilen der Welt Opfer, weil sie in den hierarchischen »Ordnungen«

zu den Schwächsten gehören. Diese Position wiederum ist auch Erbe des Patriarchats, das die Kirche in vielen Ländern unterstützt hat.

Wir gehen *mit* den Frauen weltweit und *für sie* auf die Straße und vor die Kirchen. Wir rufen mit ihnen: »Es reicht jetzt!« Die volle Gleichberechtigung, ausgesprochen und gelebt in der katholischen, weltumfassenden Kirche, würde die Frau in jeder Position, in jeder Rolle, in jedem Lebensumfeld stärken, d. h. in Ehe, Familie, Beruf, Gesellschaft, Bildung und mehr.

Das ist ganz sicher kein Traum und auch keine unerreichbare Vision. Das ist ein Ziel. Dafür stehen Frauen auf und lassen sich nicht mehr übertönen. Das Ziel ist erreichbar!

Schon einmal hat Jesus eine Frau in der Mitte der Synagoge aufgerichtet (vgl. in diesem Buch ab S. 83). Ich stelle mir vor, dass die Kirche an Jesu statt – in persona Christi – genau dies heute und morgen tut. Was daran ist so schwer, dass es nicht augenblicklich geschehen kann? Es gilt das Jesuswort (nicht nur zur Fußwaschung seiner Jünger): »Ich habe euch ein Beispiel gegeben, damit auch ihr so handelt, wie ich an euch gehandelt habe« (Johannesevangelium 13,15).

Viele Frauen fordern inzwischen – noch verhalten – eine Frauensynode in Rom und teilen außerdem die Forderung nach einem Konzil für die Geschlechtergerechtigkeit. Für Letzteres stehen die globale Organisation Catholic Women Speak und die Französinnen vom Comité de la jupe schon länger. Ich möchte allen, die mit dem Begriff Weltkirche argumentieren, diesen weltkirchlichen Weg vorschlagen.

Ich höre die ablehnenden Stimmen – auch von Frauenbewegungen: Sind nicht längst alle Argumente ausgetauscht? Sollte man diesen unbeweglichen Männerapparat zu unseren Zielen in Bewegung setzen können? Ist da nicht nur wieder unsere Geduld gefordert? Ja, es würde (unendlich) lange dauern, bis ein Konzil vorbereitet und durchgeführt wäre. Und es wäre natürlich immer noch offen, ob es im Sinne der Reformbewegungen entscheiden würde.

Interessant finde ich eine Intervention von Simone Buchs, Präsidentin der Vereinigung der Ordensoberinnen der deutschsprachigen Schweiz und Liechtensteins: »Es ist höchste Zeit, dass in der katholischen Kirche auch Frauen als Priesterinnen tätig sein dürfen. Ich sehe einzig die Möglichkeit, wenn ein Papst diese Entscheidung an die Ortskirchen delegiert. Dann könnten fortschrittlichere Diözesen Frauen zum Priesteramt zulassen.«[108] Ob sich so der gordische Knoten lösen lässt? Wenn, wie z. B. für die Amazonas-Region, über viri probati nachgedacht wird, wäre dies ja ebenso eine regionale Lösung. Sie könnte beispielhaft sein. Wichtig ist, dass wir voranschreiten. Vorstellung schafft Wirklichkeit. Wenn wir es uns nicht vorstellen können, wird es nicht passieren. Wenn wir es uns vorstellen können, ist das keine Garantie, aber es hat eine Chance.

Warum es den Einsatz wert ist
Ausblick

Dass die Geschlechtergerechtigkeit neben vielen anderen Themen auf die Agenda gehört, bezweifeln viele nicht mehr. Nur scheint der Weg dahin weiterhin lang und beschwerlich zu sein. Viele sehen kein Fortkommen, da das Ziel von Seiten der »Entscheider« nicht oder nur halbherzig geteilt wird. Es gibt sogar Blockierer, die gezielt Barrieren bauen.

Die Abschaffung des Pflichtzölibats können sich viele vorstellen (viele leider nur aufgrund von immer weniger Priestern für immer mehr Gemeinden). Die Frage nach der Weihe der viri probati, also der verheirateten »bewährten Männer«, hat es immerhin auf die Tagesordnung einer Synode geschafft. Inzwischen reden immer mehr Stimmen von »personae probatae«, also »bewährten Menschen«. Doch wer glaubt wirklich daran, dass noch zu den eigenen Lebzeiten Frauen zu Priesterinnen geweiht werden?

Muss die Skepsis, dass dieses Ziel in absehbarer Zeit erreichbar ist, nicht den Einsatz lähmen? »Pflanzen wir einen Apfelbaum«, sagt eine Freundin und erinnert damit an Martin Luther, der noch am Tag vor dem Weltuntergang einen solchen Baum pflanzen wollte. Recht hat sie. Es geht nicht vor allem um Kosten-Nutzen-Abwägungen, sondern um Aufrichtigkeit (aufrecht stehen), um Gerechtigkeit und auch um Selbstachtung.

Meines Erachtens gilt es, mehrgleisig unterwegs zu sein, um dem Ziel näherzukommen. Die Kirche kann nicht weitere 500 Jahre warten, denn so viel Zeit ist vergangen seit dem Klagegebet der heiligen Teresa.

Öffentlichkeit herzustellen ist eines der wichtigsten Ziele. Die meisten bisherigen Aktionen haben den Forderungen Öffentlichkeit gegeben. Das ist gut, aber es ist längst noch nicht genug geschehen. Es gibt immer noch Regionen, in denen kaum jemand von den Bewegungen weiß oder sie wirklich kennt. Um die Bewegungen in der weltweiten Kirche zu wissen, schützt uns vor dem Killerargument, wir seien nur ein kleiner Teil der großen Weltkirche. Also stehen wir weiterhin auf und rufen: »Es reicht jetzt!« Und tun wir es in unseren unterschiedlichen Sprachen und Weisen.

Wir können aktiv werden, indem wir global denken und lokal handeln. In den Gemeinden können wir uns dem Gebet am Donnerstag anschließen. Die Beteiligung von Frauen an römischen Synoden mit Stimmrecht ist eines der erklärten Ziele der Bewegung Voices of Faith. Unterstützen wir dieses Ziel. Fordern wir eine eigene Synode, ja ein eigenes Konzil zur Geschlechtergerechtigkeit in der Kirche! Unterstützen wir die Schaffung des Diakonats der Frau. In der Diözese Osnabrück sind inzwischen einige Frauen Pfarrverantwortliche. Frauen sollten sich auf solche Aufgaben vorbereiten und zeigen, dass sie bereit sind zur Verantwortung. Wenn immer mehr Frauen bewusst aufstehen und für ihre Anliegen einstehen, wird sich früher oder später die Kirchenleitung bewegen müssen.

In einem Vortrag, den sie im November 2018 in Bestwig hielt, hat die Tübinger Theologieprofessorin Johanna Rahner es auf den Punkt gebracht:

»Die Kirche muss, wenn sie Zeugnis für Gerechtigkeit ablegen will, zuerst einmal selbst gerecht sein in den Augen anderer.« – »Für die Kirche gibt es streng genommen also nur zwei Alternativen: Entweder dürfen Frauen alle seelsorglichen und pastoralen Aufgaben übernehmen oder die Kirche muss die Frauen entfernen. Alles andere ist theologisch verlogen.«[109]

»Seid stets bereit, jedem Rede und Antwort zu stehen, der von euch Rechenschaft fordert über die Hoffnung, die euch erfüllt«, heißt es im ersten Petrusbrief (3,15). Es ist wichtig, dass wir unsere Glaubensgeschichten miteinander teilen. Wir müssen uns fragen lassen: Was glaubst du? Warum bist du aktiv oder inaktiv? Warum bist du da? Und warum bleibst du? Wenn wir bleiben, müssen wir daran mitwirken, dass diese unsere Kirche, die uns Heimat ist und bleiben soll, gerechter wird.

Was mich bewegt ...

... und warum ich bewegen will

Vom Scheitel bis zur Fußsohle, vom Herzen bis hin zur Außenhaut bin ich aktive Frau in der katholischen Kirche. Mein Bücherwissen ebenso wie mein Erfahrungswissen, das ich zuweilen unter Schmerzen erworben habe, stelle ich zurzeit verstärkt in den Dienst der Bewegung Maria 2.0.

Warum? Maria 2.0 steht als Begriff nahezu deckungsgleich für meine Ziele, meine Motivationen, vor allem aber auch für die behutsame und wertschätzende, respektvolle Weise des Dialogs und des geschwisterlichen Umgangs. Die Deutlichkeit der »Forderungen« genannten Ziele tut dem keinen Abbruch. Ich finde in den Frauen und den (noch wenigen) Männern dieser Bewegung Glaubens- und Handlungsgeschwister. Sie alle, wir alle, sind in unserer katholischen Kirche beheimatet und wir sind sicher, dass es unsere katholische Kirche weltweit weiterhin geben muss.

»Diese Trauer, dieser Schmerz« ist ein Leserbrief der 80-jährigen Elisabeth Graemer überschrieben, die den Aufbruch des Zweiten Vatikanischen Konzils »mit großer Hoffnung« miterlebt hat. »Warum ich immer noch nicht ausgetreten bin? Weil ich das Beste, was meinem Leben Halt und Licht gegeben hat, als junger Mensch in der katholischen Kirche empfangen habe. ... Es ist wie das Festhalten an einer enttäuschten Liebe – und es tut weh.«[110] Sie und ihre Trauer und ihre Hoffnung sind auch ein Grund für mein Bleiben.

Ganz ähnlich formuliert übrigens Lisa Kötter ihre Liebe zur Kirche. Sie ist eine der Mitbegründerinnen der Maria-2.0-Bewegung und auch als Malerin auf der Seite aktiv. Sie vergleicht die Liebe zu unserer Kirche mit der Liebe zu einem Partner: »Wir lieben ihn. Aber wir haben Liebeskummer.«

»Wir möchten mit ihm reden.
Aber er sagt: ›Nicht in diesem Ton!‹
Wir möchten mal tanzen lernen mit ihm.
Aber er sagt: ›Das haben wir doch noch nie gemacht!‹
Wir möchten mit ihm wandern gehen auf abenteuerlichen Wegen.
Aber er sagt: ›Ich kenne die Wege. Alle anderen führen in den Abgrund.‹
Wir wollen die Fenster aufreißen.
Aber er sagt: ›Es zieht.‹
Wir schreiben ihm ein Gedicht.
Aber er sagt: ›Interessiert mich nicht.‹
Wir möchten mit ihm beten.
Aber er sagt: ›Du machst das falsch.‹«

Lisa Kötter[111]

Ich sehe mich in der guten Tradition aller, die voller Hoffnung auf das Zweite Vatikanische Konzil geschaut haben. Ich sehe viele von uns in der Tradition von Bewegungen wie der »Initiative Kirche von unten« oder »Wir sind Kirche«. Viele ehemals Engagierte haben aufgegeben. Viele sind gegangen, aus der Kirche ausgetreten. Viele sind stille, fast schlafende Mitglieder geblieben. Einige wirken entmutigt und entmutigend, haben aber auch zumeist traurige und enttäuschende Erfahrungen einzubringen. Viele haben schlicht ihre Kraft verloren oder sind müde geworden. Auch die Schwerfälligkeit des Kirchenapparates führen sie als Realität an. Oder sie nennen die Erkenntnis, dass sich die Unwilligkeit der meisten Amtsinhaber in der katholischen Kirche, Macht abzugeben, bisher nicht geändert habe und so auch für die Zukunft kaum etwas erwartet werden könne. Warum sollten ausgerechnet wir etwas bewegen können? Ja, es ist mühsam. Aber das Beispiel des Bischofs von Münster, Felix Genn, der bereit ist, etwas von seiner bischöflichen Machtfülle abzugeben und sich kirchlichen Verwaltungsgerichten unterzuordnen, die auch mit Laien besetzt sind, zeigt, dass Veränderung möglich ist.[112]

Maria 2.0 hat neben anderen Symbolen auch das einer Kirche, die einen Kuss bekommt.[113] Mir gefällt dieses zaghafte, nur angedeutete Bild, das unsere Liebe zur Kirche ausdrückt und das mir das Märchen vom Dornröschen vor Augen stellt. Die tiefere Weisheit des Märchens: Die Zeit muss reif sein, um den hundertjährigen Schlaf mit einem Kuss beenden zu können. Wir Wachküsser*innen glauben: Die Zeit ist reif!

Erinnern Sie sich an den Fall der Mauer, liebe Leser*innen? Vergleichbar? Warum nicht?

Aber für mich ist auch dies noch wichtig: Meine Geschichte mit meiner katholischen Kirche wurde mir in die Wiege gelegt von einer Mutter, die als mutterlose Halbwaise im Haushalt ihres Priester-onkels aufgewachsen war. In meinem Heimatdorf galten zur Zeit meiner Geburt Frauen noch als »Füerblöser«, also Hüterin des Herdfeuers, und jeder Sohn wurde – vor allem von den Männern des Dorfes – mit größerem Beifall in der Welt begrüßt als die Töchter. Ich hatte schon als Kind den Eindruck, dass mir auch die Kirche in die Windeln geschaut hatte, und als sie sah, dass ich ein Mädchen war, ihr Interesse an mir verlor.

Ich aber verlor mein Interesse an ihr nicht. Ich sah zornig, dass meine Brüder Messdiener werden konnten, und ich erlebte mein An-den-Rand-ge-drängt-Sein als Frau in meiner Kirche immer als Unrecht. Allenfalls gnädig ging man mit mir um. Ich wollte aber nicht Gnade. Ich wollte Recht! Ich fand, mein Recht wurde mir vorenthalten.

Ich studierte Religionspädagogik. Bei der Arbeit lernte ich meinen Mann kennen. Wir verliebten uns ineinander und wieder erlebte ich, wie ungerecht der Kirchenapparat mit mir als Frau umging. Ich galt als Verführerin. Mein Mann war katholischer Priester. Ihm wurde von einigen Mitbrüdern weiterhin die Hand gereicht, mir nicht. Ich wurde sogar meiner Geschichte beraubt, indem ich in der Chronik der Gemeinde, in der wir beide gearbeitet hatten, nicht erwähnt wurde.

Mein Mann stand auf. Er stellte keinen Antrag auf Laisierung, unter anderem, weil er seine Berufung nicht in Frage stellte. Auch weil er nicht für nichtig erklären lassen wollte, was er aus vollem Herzen gelebt hatte. Er hatte die Liebe gefunden. Das hob seine Berufung nicht auf. Das machte sie vollkommen. Aber das wäre ein anderes Thema.

»Wir sind die Karyatiden der Kirche«, sagte eine Maria-2.0-Aktivistin im Sommer 2019. »Das sind Frauengestalten, die als Säulen Prunkfassaden tragen. Man sieht nur die Säulen, nicht die Frauen.«[114] Für sie und für Elisabeth Graemer, von der der Leserbrief stammt, für ihre Generation schreibe ich. Ich schreibe für meine Mutter und meine Geschwister und für meine Nachkommen. Ich schreibe für uns Frauen, die noch nicht den Hochaltrigen zugerechnet werden, die zwischen 60 und 80 noch Leben gestalten können und wollen, weil sie Kraft haben und Lebenslust, weil sie in der Regel frei sind *von* … und frei sind *für* …

»Und was ist mit der Jugend?« Ja, aber aus einer anderen Perspektive, aus einer anderen Handlungsweise. Wer von uns spricht die Sprache der Jugend? Ich gestehe, ich beherrsche sie nicht. Statt mich also in einer Sprachwelt, in der ich mich nicht so sicher fortbewegen kann wie ein native speaker, wie auf Stelzen zu bewegen, macht es doch Sinn, mich der Sprache zu bedienen, die ich habe und kann: mich hinzustellen. Fulbert Steffensky hält das, was wir Älteren für unsere Kinder und Enkel tun können, in seinem so einfachen Satz fest: »Wir sind unseren Kinder und Enkeln unser Gesicht schuldig.« Ja! Wir sind den jungen Menschen schuldig, dass wir für etwas stehen und einstehen.

»Ich war zum ersten Mal in meinem Leben Teilnehmerin bei einer Demo. Es war eine großartige Erfahrung.« Das erzählten Frauen nach einer Demonstration in Münster. Sich wohlzufühlen beim Handeln im Heute und sein Gesicht und seine Gestalt zu zeigen, das ist es, was ich mit diesem Buch unterstützen und wozu ich ermutigen möchte. Das ist, was ich tun kann. Die jungen Menschen haben ihre eigenen Formen, den Anliegen Gehör zu verschaffen, und das ist gut so.

Wenn Martin Buber sagt: *Alles Leben ist Begegnung* – oder *Das Ich wächst am Du*, dann kann dies auch zwischen den Generationen nur funktionieren, wenn wir uns wirklich zeigen, wie wir sind und sein können. Also stärken wir einander. Und stärken wir so unsere Kirche.

Ausgewählte Adressen

MARIA 2.0
www.mariazweipunktnull.de
www.facebook.com/Maria-20-267424447506047/
E-Mail: mariazweipunktnull@gmx.de

KATHOLISCHE FRAUENGEMEINSCHAFT DEUTSCHLANDS
Prinz-Georg-Straße 44, D-40477 Düsseldorf
Telefon: +49 211 44992 0
www.kfd-bundesverband.de/
www.facebook.com/kfd.Bundesverband/
E-Mail: kontakt@kfd.de

KATHOLISCHER DEUTSCHER FRAUENBUND
Kaesenstraße 18, D-50677 Köln
Telefon: +49 221 860 92 0
www.frauenbund.de/
E-Mail: bundesverband@frauenbund.de

SCHWEIZERISCHER KATHOLISCHER FRAUENBUND
Kasernenplatz 1, Postfach 7854, CH-6000 Luzern
TELEFON: +41 041 226 02 20
WWW.FRAUENBUND.CH/
E-Mail: info@frauenbund.ch

KIRCHE MIT* DEN FRAUEN
c/o Hildegard Aepli
www.kirche-mit.ch/de/
E-Mail: h.aepli@sunrise.ch

KATHOLISCHE FRAUENBEWEGUNG ÖSTERREICHS
Spiegelgasse 3/2/7, A-1010 Wien
Telefon: +43 1 51552 3695
www.kfb.at/
E-Mail: office@kfb.at

BLEIBEN.ERHEBEN.WANDELN
https://bleibenerhebenwandeln.wordpress.com/visionen/
E-Mail: bleiben.erheben.wandeln@posteo.at

VOICES OF FAITH
c/o Fidel Götz Stiftung
Benderer Str. 33, FL-9494 Schaan (Liechtenstein)
www.voicesoffaith.org
E-Mail: info@voicesoffaith.org

CATHOLIC WOMEN SPEAK
https://catholicwomenspeak.com/
E-Mail: hello@catholicwomenspeak.com

COMITÉ DE LA JUPE
www.comitedelajupe.fr/
E-Mail: comitedelajupe@laposte.net

GEBET AM DONNERSTAG
www.kloster-fahr.ch
www.gebet-am-donnerstag.ch/
Telefon +41 43 455 10 40
E-Mail: info@kloster-fahr.ch

PFARRER-INITIATIVE ÖSTERREICH
www.pfarrer-initiative.at/
Marschallplatz 6, A-1120 Wien
Telefon: +43 664 94 384 79
E-Mail: kontakt@pfarrer-initiative.at

PFARREI-INITIATIVE SCHWEIZ
c/o Markus Heil (Vorstand) Krummacker 3,
CH-4710 Balsthal
Telefon: +41 62 530 33 24, +41 79 207 89 87
www.pfarrei-initiative.ch/
E-Mail: markus.heil@kath.ch

(Weitere Links zu Vereinen und Initiativen mit ähnlichen Zielen)

PFARRER-INITIATIVE DEUTSCHLAND
Sprecher: Pfarrer Karl Feser
Kirchplatz 3, D-97631 Bad Königshofen
Telefon: +49 9761 2011
www.pfarrer-initiative.de/
E-Mail: email@pfarrer-initiative.de
(Weitere Links zu Vereinen und Initiativen mit ähnlichen Zielen)

INITIATIVE KIRCHE VON UNTEN
Geschäftsführer: Bernd Hans Göhrig
www.ikvu.de/
E-Mail: goehrig@ikvu.de

KIRCHENVOLKSBEWEGUNG WIR SIND KIRCHE
Postfach 65 01 15, D-81215 München
Telefon: +49 8131 260 250
www.wir-sind-kirche.de/
E-Mail: info@wir-sind-kirche.de

Quellen

1   https://www.youtube.com/watch?v=gRbTW7xLZjw (Abruf 2. 10. 2019).

2   Natascha Wodin, Sie kam aus Mariupol, Rowohlt Verlag, Reinbek, 9. Aufl. 2017, S. 106.

3   MHG steht für Mannheim Heidelberg Gießen – die drei Universitäten, die an der Erarbeitung beteiligt waren: Sexueller Missbrauch an Minderjährigen durch katholische Priester, Diakone und männliche Ordensangehörige im Bereich der Deutschen Bischofskonferenz / https://www.dbk.de/fileadmin/redaktion/diverse_downloads/dossiers_2018/MHG-Studie-gesamt.pdf

4   https://beauftragter-missbrauch.de/

5   https://www.katholisch.de/aktuelles/aktuelle-artikel/stadtdekan-zu-eltz-machtmissbrauch-ist-in-keimbahn-der-kirche?fbclid=IwAR33G49ORCtW1-xgGx_6hOF0KTyo1bAjNO3n6GRzIcz07BzgGviNYVYuGjc/ (Abruf 2. 10. 2019).

6   https://www.katholisch.de/artikel/22577-polnische-bischofskonferenz-verurteilt-homosexualitat-als-ideologie (Abruf 2. 10. 2019).

7   Stéphane Hessel, Empört euch, Ullstein Verlag Berlin, 31. Auflage 2011.

8   https://www.kfd-bundesverband.de/machtlichtan/ (Abruf 4. 10. 2019).

9   Vgl. ebd.

10 https://www.kfd-bundesverband.de/kirche/dienste-und-aemter/ (Abruf 4. 10. 2019).

11 www.Mariazweipunktnull.de (Abruf 4. 10. 2019).

12 Abschnitt 49; http://w2.vatican.va/content/francesco/de/apost_exhortations/documents/papa-francesco_esortazione-ap_20131124_evangelii-gaudium.html

13 https://www.mariazweipunktnull.de/ (Abruf 4. 10. 2019)

14 Ebd.

15 http://www.mariazweipunktnull.de/wp-content/uploads/2019/03/Maria20HandzettelOffenerBrief.pdf (Abruf 4. 10. 2019).

16 http://www.mariazweipunktnull.de/wp-content/uploads/2019/03/Maria20HandzettelInfo.pdf (Abruf 4. 10. 2019)

17 https://www.katholisch.de/artikel/22375-hoerende-bischoefe-machen-noch-keine-dialogische-kirche (Abruf 4. 10. 2019).

18 https://www.frauenbund.de/themen-und-projekte/maria-schweige-nicht/ (Abruf 4. 10. 2019).

19 https://www.ikvu.de/

20 https://www.wir-sind-kirche.de/

21 Auszug aus »Und Maria sang«, aus: Kurt Marti: Ungrund Liebe. Klagen, Wünsche, Lieder, Radius Verlag, Stuttgart 2004, S. 48.

22 Bertolt Brecht: Maria, in: Gesammelte Werke. Bd. 8, Suhrkamp Verlag, Frankfurt 1967, S. 122.

23 https://www.die-tagespost.de/kirche-aktuell/Wir-vertreten-nur-das-was-die-Kirche-immer-schon-geglaubt-hat;art312,198114 (Abruf 6. 10. 2019).

24 Renate Wind: Eva, Maria und Co. Frauen in der Bibel und ihre Geschichte(n), Aussaat Verlag, Neukirchen, 2. Aufl. 2007, S. 96.

25 Dorothee Sölle: Maria ist eine Sympathisantin, in: dies., Sympathie. Theologisch-politische Traktate, Kreuz Verlag, Stuttgart 1978, S. 59 ff.

26 http://www.mariazweipunktnull.de/wp-content/uploads/2019/03/Maria20HandzettelOffenerBrief.pdf (Abruf 6. 10. 2019).

27 http://www.vatican.va/roman_curia/congregations/cfaith/documents/rc_con_cfaith_doc_20040731_collaboration_ge.html (Abruf 10. 10. 2019).

28 Theresia Heimerl: Andere Wesen. Frauen in der Kirche, Styria Verlag, Wien – Graz 2015, S. 117.

29 Renate Wind: Eva, Maria und Co. Frauen in der Bibel und ihre Geschichte(n), Aussaat Verlag, Neukirchen, 2. Aufl. 2007, S. 90.

30 Christiane Florin: Der Weiberaufstand: Warum Frauen in der katholischen Kirche mehr Macht brauchen, Kösel, München 2017, S. 78.

31 https://www.katholisch.de/artikel/21334-die-frauenfrage-ist-von-existenzieller-bedeutung-fuer-die-kirche (Abruf 7. 10. 2019).

32 Ordinatio sacerdotalis, Nr. 3: https://w2.vatican.va/content/john-paul-ii/de/apost_letters/1994/documents/hf_jp-ii_apl_19940522_ordinatio-sacerdotalis.html

33 https://www.domradio.de/themen/reformen/2019-05-17/warum-mir-unwohl-ist-gastkommentar-von-sr-anna-mirijam-kaschner-zu-maria-20 (Abruf 7. 10. 2019).

34 https://www.katholisch.de/artikel/21334-die-frauenfrage-ist-von-existenzieller-bedeutung-fuer-die-kirche (Abruf 7. 10. 2019).

35 Nr. 4; https://w2.vatican.va/content/john-paul-ii/de/apost_letters/1994/documents/hf_jp-ii_apl_19940522_ordinatio-sacerdotalis.html (Abruf: 7. 10. 2019).

36 1. November 2016; http://w2.vatican.va/content/francesco/de/speeches/2016/november/documents/papa-francesco_20161101_svezia-conferenza-stampa.html (Abruf 8. 10. 2019).

37 https://www.katholisch.de/aktuelles/aktuelle-artikel/was-das-redeverbot-zur-frauenweihe-bedeuten-konnte (Abruf 8. 10. 2019).

38 https://www.theol.uni-freiburg.de/disciplinae/kkr/procontra-prof.-georg-bier-die-tur-ist-verschlossenntra.pdf (Abruf 8. 10. 2019).

39 Ebd.

40 https://www.aachener-zeitung.de/maria-20-menschenkette-um-bischofshaus-und-bischofskirche-in-aachen_aid-41436685 (Abruf 8. 10. 2019).

41 https://www.kirche-und-leben.de/artikel/bischof-feige-priesterweihe-fuer-frauen-wird-kommen/ (Abruf 8. 10. 2019).

42 https://www.zhkath.ch/kirche-aktuell/gesellschaft-politik/frauen-am-altar-diese-frage-steht-im-raum (Abruf 9. 10. 2019).

43 Ebd.

44 https://www.theol.uni-freiburg.de/disciplinae/kkr/procontra-prof.-georg-bier-die-tur-ist-verschlossenntra.pdf (Abruf 8. 10. 2019).

45 https://www.feinschwarz.net/denn-gott-bin-ich-und-nicht-mann-hosea-119/#_ftn9 (Abruf 8. 10. 2019).

46 https://mk-online.de/meldung/papstschreiben-zum-frauen-priestertum-wird-25.html (Abruf 9. 10. 2019).

47 Heribert Prantl: Die Kraft der Hoffnung. Denkanstöße in schwierigen Zeiten, Verlag der Süddeutschen Zeitung, München, 2. Auflage 2017, S. 26.

48 https://www.feinschwarz.net/denn-gott-bin-ich-und-nicht-mann-hosea-119/#_ftn9 (Abruf 8. 10. 2019).

49 Gerald Hüther: Würde. Was uns stark macht – als Einzelne und als Gesellschaft, Albrecht Knaus Verlag, München 2018, S. 135.

50 https://www.katholisch.de/artikel/14537-oster-keine-priesterweihe-fuer-frauen (Abruf 8. 10. 2019).

51 http://www.feinschwarz.net/denn-gott-bin-ich-und-nicht-mann-hosea-119/ (Abruf 2. 10. 2019).

52 Jacqueline Straub: Kickt die Kirche aus dem Koma. Eine junge Frau fordert Reformen jetzt, Patmos Verlag, Ostfildern 2018, S. 188 f.

53 https://www.habemus-feminas.com/ ; https://vimeo.com/ondemand/habemusfeminas

54 Hildegard Aepli und Eva-Maria Faber (Hg.): Ein weiter Weg. 1200 Kilometer für eine Kirche mit den Frauen, Verlag am Klosterhof, St. Gallen 2019, S. 127.

55 Ebd., S. 17.

56 Ebd., S. 110 f.

57 Ebd., S. 4.

58 http://www.kirche-mit.ch/de/startseite.html

59 https://www.frauenbund.ch/was-wir-bewegen/kirche-und-spiritualitaet/gleichberechtigungpunktamen/

60 https://www.14juni.ch/ (Abruf 9. 10. 2019).

61 https://reformiert.info/artikel/recherche/auf-dass-die-m%C3%A4nner-da-oben-es-h%C3%B6ren (Abruf 9. 10. 2019).

62 https://www.frauenbund.ch/files/Files/Downloads/Kirche_Spiritualitaet/Appell_Gleichberechtigung.Punkt.Amen.pdf (Abruf 9. 10. 2019).

63 https://www.gebet-am-donnerstag.ch/texte/ (Abruf 9. 10. 2019).

64 https://www.gebet-am-donnerstag.ch/ (Abruf 9. 10. 2019).

65 http://www.abteiburgdinklage.de/aktuelles.html (Abruf 9. 10. 2019).

66 Alois Prinz: Teresa von Ávila. Die Biographie, Insel Verlag, Berlin 2014, S. 126.

67 Matthias Drobinski in einem Zitat aus der Süddeutschen Zeitung auf dem Klappentext des Buches von Alois Prinz.

68 https://www.telezueri.ch/sommertalk/irene-gassmann-135312246? utm_source=shared-facebook&fbclid=IwAR07vYoEL_qjJJy9RgF5ac0 LhdnXzY-95LCRXmB_8jVLbuZ6WgNO5sTA22k

69 https://www.katholisch.de/artikel/21334-die-frauenfrage-ist-von-exis tenzieller-bedeutung-fuer-die-kirche (Abruf 9. 10. 2019).

70 Ausführlich: https://de.wikipedia.org/wiki/Kirchenvolks-Begehren (Abruf 7. 8. 2019).

71 https://bleibenerhebenwandeln.wordpress.com/visionen/ (Abruf 9. 10. 2019).

72 https://bleibenerhebenwandeln.wordpress.com/2019/06/06/tag-47-mmag-a-dr-in-magdalena-m-holztrattner-ma/ (Abruf 9. 10. 2019).

73 https://bleibenerhebenwandeln.wordpress.com/ (Abruf 9. 10. 2019).

74 https://bleibenerhebenwandeln.wordpress.com/faqs/ (Abruf 9. 10. 2019).

75 bleiben.erheben.wandeln (Hg.): Frauen machen Kirche, Patmos Verlag, Ostfildern 2020.

76 http://www.kfb.at/kfb/de/aktuelles/gleichstellung/article/2288.html (Abruf 9. 10. 2019).

77 http://www.kfb.at/kfb/de/presse/aussendungen/2019/article/2295.html (Abruf 9. 10. 2019).

78 https://www.dibk.at/Media/Organisationen/Katholische-Frauenbewe gung/Zeitschrift-FrauenStaerken (Abruf 9. 10. 2019).

79 https://www.dibk.at/Media/Organisationen/Frauenreferat (Abruf 9. 10. 2019).

80 Walter Wink: Verwandlung der Mächte. Eine Theologie der Gewaltfreiheit, Pustet Verlag, Regensburg, 2. Aufl. 2018, S. 71.

81 Ebd.

82 Ebd.

83 Ebd.

84 www.comitedelajupe.fr

85 http://www.comitedelajupe.fr/?q=lessentiel (Abruf 10. 10. 2019).

86 https://overcomingsilence.com/stories/myron-j-pereira-s-j/ (Abruf 10.10. 2019).

87 https://overcomingsilence.com/?lang=de

88 https://voicesoffaith.org/ (Abruf 10. 10. 2019).

89 Vgl. https://voicesoffaith.org/about (Abruf 10. 10. 2019).

90 https://static1.squarespace.com/static/5a28981618b27d9cb5404470/ t/5a8a92a1c83025f59abfd0d9/1519031863816/Report+Survey+of+ Young+women+final++copy.pdf (Abruf 10. 10. 2019).

91 https://voicesoffaith.org/de-initiatives (Abruf 10. 10. 2019).

92 https://catholicwomenspeak.com/womens-leadership-in-the-church-increasing-but-incomplete/ (Abruf 10. 10. 2019).

93 Ebd.

94 Ebd.

95 Ebd.

96 https://catholicwomenspeak.com/ (Abruf 10. 10. 2019).

97 https://catholicwomenspeak.com/womens-leadership-in-the-church-increasing-but-incomplete/ (Abruf 10. 10. 2019).

98 Walter Wink: Verwandlung der Mächte. Eine Theologie der Gewaltfreiheit, Pustet Verlag, Regensburg, 2. Aufl. 2018, S. 18.

99 https://icrn.info/womens-equality/ (Abruf 10. 10. 2019).

100 https://www.pfarrer-initiative.de/ (Abruf 10. 10. 2019).

101 http://www.maria2-0-priester-diakone-freiburg.de/Unterstuetzer/ (Abruf 10. 10. 2019).

102 http://pfinitiative.customers.datenpark.ch/wp-content/uploads/2015/08/Pfarrei-Initiative_Was-uns-selbstverstaendlich-ist.pdf (Abruf 10. 10. 2019).

103 www.pfarrei-initiative.ch (Abruf 10. 10. 2019).

104 http://www.pfarrer-initiative.at/ (Abruf 10. 10. 2019).

105 http://pfarrer-initiative.at/site/de/home/article/25.html (Abruf 10. 10. 2019).

106 http://www.pfarrer-initiative.at/site/de/themen/frauenundkirche (Abruf 10. 10. 2019).

107 https://weltkirche.katholisch.de/Themen/Weltkirche (Abruf 10. 10. 2019).

108 https://www.zhkath.ch/kirche-aktuell/gesellschaft-politik/frauen-am-altar-diese-frage-steht-im-raum (Abruf 10. 10. 2019).

109 https://smmp.de/2018/11/12/entscheidung-faellt-in-den-naechsten-fuenf-jahren/ (Abruf 10. 10. 2019).

110 Christ in der Gegenwart Nr. 30/2019, S. 329.

111 http://www.mariazweipunktnull.de/wp-content/uploads/2019/05/%C3%9CberDasBleiben.pdf (Abruf 10. 10. 2019).

112 https://www1.wdr.de/nachrichten/westfalen-lippe/missbrauch-aufarbeitung-bistum-muenster-felix-genn-100.html (Abruf 10. 10. 2019)

113 https://www.mariazweipunktnull.de/ (Abruf 10. 10. 2019).

114 Christ und Welt Nr. 32 vom 1. 8. 2019.

kämpferisch – beharrlich – selbstbewusst

bleiben.erheben.wandeln (Hg.)
Frauen machen Kirche

12 x 19 cm, ca. 232 Seiten
durchgehend vierfarbig
mit zahlreichen Fotos
Hardcover mit Leseband
ISBN 978-3-8436-1217-3

Warum halten viele Theologinnen und katholische Christinnen im Kirchendienst ihrer Kirche nach wie vor die Treue? Warum liegt ihnen die Kirche – trotz aller kritischen Auseinandersetzung – am Herzen? Was finden sie dort, was möchten sie nicht missen? Was motiviert sie zum Einsatz für eine gerechte Welt für alle?
80 Frauen unterschiedlicher Generationen und Berufsgruppen, von Österreich bis Belgien, von Italien bis Schweiz, geben höchst persönliche Auskunft über ihr Ringen und ihr Engagement, mit dem sie Kirche wandeln und gestalten.
Ihre ergreifenden Glaubenszeugnisse, klaren Analysen, zornigen Ausbrüche, starken Visionen und poetischen Texte können ermutigen.

PATMOS
www.patmos.de